Wissenschaftssprache Deutsch: lese

Gabriele Graefen / Melanie Moll
Unter Mitarbeit von Angelika Steets

Wissenschaftssprache Deutsch: lesen – verstehen – schreiben

Ein Lehr- und Arbeitsbuch

PETER LANG

Frankfurt am Main · Berlin · Bern · Bruxelles · New York · Oxford · Wien

Bibliografische Information der Deutschen Nationalbibliothek
Die Deutsche Nationalbibliothek verzeichnet diese Publikation
in der Deutschen Nationalbibliografie; detaillierte bibliografische
Daten sind im Internet über http://dnb.d-nb.de abrufbar.

Umschlaggestaltung:
© Olaf Glöckler, Atelier Platen, Friedberg

Gedruckt auf alterungsbeständigem,
säurefreiem Papier.

ISBN 978-3-631-60948-4

© Peter Lang GmbH
Internationaler Verlag der Wissenschaften
Frankfurt am Main 2011
Alle Rechte vorbehalten.

www.peterlang.de

Inhaltsverzeichnis

Spezielle Abkürzungen und Variablen

F (F$_1$ - F$_2$):	Variable für einen Forscher bzw. Autor wissenschaftlicher Texte
FF:	mehrere Forscher
X, Y	Variablen für verschiedene Gegenstände
T:	Variable für eine Theorie oder eine theoretische Aussage
X ist der Fall:	eine Tatsache, ein Sachverhalt
AWS	Allgemeine und Alltägliche Wissenschaftssprache
S, H, L	Sprecher, Hörer, Leser

Grammatische Abkürzungen

N, D, A, G:	Kasus eines Substantivs oder Adjektivs, im Nominativ (N), Dativ, (D), Akkusativ (A) oder im Genitiv (G)
HS	Hauptsatz
NS	Nebensatz
dass ...	nachfolgender dass-Satz
zu ...	nachfolgender Infinitivsatz mit *zu*

Orthographie

Bei Zitaten und Textbeispielen aus der Zeit vor der Rechtschreibreform wird die damals gültige Schreibweise übernommen. Die Konjunktion „dass" erscheint dann z.B. als „daß". Zur Schreibweise von mehrteiligen Abkürzungen vergleiche das Abkürzungsverzeichnis im Anhang.

Formale Hinweise

Die Beispiele, Zitate, Textausschnitte und Übungen stammen aus empirischem Datenmaterial. Wenn kein Anführungszeichen gesetzt ist, handelt es sich um verkürzte oder leicht umformulierte Quellen.

Vorwort

Das Vorhaben zu dem vorliegenden Lehrwerk entstand an der Ludwig-Maximilians-Universität München, wo sich seit 2002 eine Gruppe von WissenschaftlerInnen mit der Entwicklung von Unterrichtsmaterialien für studienbegleitende Deutschkurse befasst hatte. Hintergrund der Initiative war zum einen der Forschungsschwerpunkt „Deutsch als fremde Wissenschaftssprache", den Konrad Ehlich am Institut für Deutsch als Fremdsprache der LMU maßgeblich auf- und ausgebaut hat (s. Ehlich 1993; Ehlich / Graefen 2001; Ehlich / Steets 2003). Zum anderen ergab eine Sichtung der DaF-Lehrwerke für Fortgeschrittene, dass es kaum geeignetes Lehrmaterial für die spezifischen Bedürfnisse derjenigen gibt, die auf Deutsch studieren, forschen oder auch lehren wollen. Dass hier ein dringendes Desiderat vorliegt, war uns aus eigener Lehr- und Forschungserfahrung bewusst: Den Bedarf an geeignetem Lehrmaterial formulieren diejenigen, die an Hochschulen in deutschsprachigen Ländern mit internationalen Studierenden arbeiten; den Bedarf formulieren LektorInnen aus aller Welt, die in der Germanistik lehren oder die ihre Studierenden auf ein Studium oder einen Forschungsaufenthalt im deutschsprachigen Raum vorbereiten sollen; den Bedarf formulieren aber auch diejenigen, die sich über die sprachlichen Mindestvoraussetzungen für ein Studium hinaus das Deutsche als fremde Wissenschaftssprache aneignen wollen. Sie alle werden mit diesem Lehrwerk angesprochen.

Unser besonderer Dank gilt Konrad Ehlich, dessen Untersuchungen zur deutschen Wissenschaftssprache Grundlage für dieses empirisch basierte Lehrbuch sind und dessen wissenschaftliche wie institutionelle Förderung wesentlich zur Entstehung beigetragen hat. Zu danken ist den LektorInnen, die mit dem Skript im Verlauf mehrerer Jahre gearbeitet haben und deren bestätigende und kritische Rückmeldungen wesentlich für die ständige Verbesserung der Materialien waren. Hier sind vor allem Dr. Angelika Steets, Dr. Martin Weidlich und Anna Hila, M.A. zu nennen, deren Anregungen kontinuierlich in das Material eingeflossen sind. Angelika Steets hat sich außerdem wesentlich um die Erstellung des Lösungsschlüssels verdient gemacht, wofür wir ihr besonderen Dank aussprechen. Nicht zuletzt danken wir den Studierenden und WissenschaftlerInnen an der LMU München und an den Universitäten in Pisa, Kairo, Rabat, Bergamo und Budapest. Ihr Interesse und ihre Aufgeschlossenheit waren uns Inspiration und Ansporn zugleich.

Wir hoffen, mit diesem Lehrbuch einen kleinen Beitrag zu dem liefern zu können, was Konrad Ehlich (1993, S. 32) als Ziel wissenschaftssprachbezogener Studien umrissen hat, nämlich eine „Stilistik der deutschen Wissenschaftssprache ..., die sowohl für den Unterricht Deutsch als Fremdsprache wie für den Unterricht Deutsch als Muttersprache etwas dazu beizutragen hätte, die Fremdheit der Sprachvarietät „Wissenschaftssprache" zu bearbeiten."

München, im Februar 2011   Gabriele Graefen und Melanie Moll

Einführung

Das vorliegende Lehrbuch ist gedacht für Studierende, Promovierende und WissenschaftlerInnen, deren Muttersprache nicht Deutsch ist, die aber Deutsch als Wissenschaftssprache im Studium, in der Forschung oder in der Lehre einsetzen. Besonders anspruchsvoll und daher hier besonders berücksichtigt ist die Anforderung des eigenständigen Verfassens wissenschaftlicher Texte. Voraussetzung für die Arbeit mit diesem Buch sind Deutschkenntnisse, die mindestens den sprachlichen Zulassungsvoraussetzungen für deutschsprachige Hochschulen entsprechen, also dem Niveau C1 gemäß dem Gemeinsamen Europäischen Referenzrahmen GER. Angestrebt wird eine souveräne Beherrschung des differenzierten Ausdrucksspektrums der Wissenschaftssprache Deutsch und damit eine wissenschaftskommunikative Kompetenz auf hohem Niveau (C2). Übergeordnete Lehrziele sind die Einführung, Verfestigung und Vertiefung von wissenschaftssprachlichen Strukturen lexikalischer und grammatischer Art.

Das Lehrbuch ist geeignet für studienbegleitende oder -vorbereitende Kurse an deutschsprachigen Hochschulen, für den weltweiten Einsatz an Universitäten, etwa für Kurse oder Seminare an germanistischen Instituten, sowie für den Einsatz an deutschen Auslandsschulen oder Sprachinstituten, die Kurse auf dem Niveau C2 anbieten möchten. Es eignet sich nicht nur für Germanisten und für den Bereich Deutsch als Fremdsprache, sondern grundsätzlich auch für Studierende oder WissenschaftlerInnen in technischen, geistes-, natur- oder sozialwissenschaftlichen Disziplinen. Das Material kann semesterbegleitend oder auszugsweise in Wochenend- oder Blockseminaren zum Einsatz kommen. Darüber hinaus bietet es motivierten LernerInnen aufgrund seiner Reichhaltigkeit und durch den Lösungsschlüssel die Möglichkeit zum Selbststudium.

Die Autorinnen sind der Auffassung, dass es nicht nur sinnvoll, sondern sogar notwendig ist, Deutsch als (fremde) Wissenschaftssprache disziplinübergreifend zu vermitteln (s. Graefen 2001, 2009; Moll 2003). Die Basis dafür ist das Konzept der Alltäglichen Wissenschaftssprache (AWS) (s. dazu Ehlich 1993). Wissenschaftssprache wird hier sehr klar von *Fachsprache* getrennt. Dementsprechend richten sich auch die Lehrziele auf Kompetenzen und Strukturen, die allgemein akademisch relevant sind.

Das Lehrbuch ist durch sieben Merkmale gekennzeichnet, die im Folgenden kurz erläutert werden sollen:

- **Empirische Basis:**
  Die Beschreibung der Wissenschaftssprache beruht auf empirischer Forschung, um z.B. Listen mit charakteristischen Fügungen zu gewinnen. Die Listen zu Wortfamilien und Wortfeldern sind bewusst auf die wissenschaftlichen Verwendungen dieser Ausdrücke beschränkt. Im lexikographischen Sinne sind sie daher unvollständig. Die Listen mit Fügungen zeigen ebenso nur die Ausdrucksmöglichkeiten, die wissenschaftsüblich sind. Allerdings

war es nicht möglich, die Fügungen bzw. Kollokationen nach der Häufigkeit ihres Auftretens anzuordnen, also eigene Frequenzlisten zu erstellen. Das durchaus verdienstvolle Werk von Heinrich Erk konnte in unserem Rahmen nur begrenzt nützlich sein, da die Auswahl der Stichwörter und Verwendungsweisen nach anderen Kriterien zustande kam.

- **Authentizität der Texte und Beispiele:**
  Es wurde versucht, die Beispiele und Textausschnitte so weit wie möglich aus realen wissenschaftlichen Texten zu gewinnen und sie nicht für Zwecke der Sprachvermittlung eigens zu konstruieren. Grundlage sind Textkorpora und Belegsammlungen vor allem aus Seminararbeiten. Die Verwendung von Wörterbüchern, insbesondere digitalen, wurde ebenfalls auf wissenschaftliche Quelltexte eingegrenzt. Vereinzelt werden auch populärwissenschaftliche Zeitungsartikel verwendet.

- **Auswahl von Textbeispielen nach dem Grundsatz der Verständlichkeit:**
  Da die Allgemeine Wissenschaftssprache nur in fachlichen Texten auftritt, mussten solche Texte bzw. Textausschnitte gesucht werden, die von Thema und Sprache her nicht zu fachspezifisch sind, so dass sie fachübergreifend auf einem bildungssprachlichen Niveau zu verstehen sind.

- **Vereinfachte Darstellung von Fügungen und Kollokationen:**
  Um die allgemein relevanten grammatisch-lexikalischen Strukturen deutlich von fachlichen Inhalten und den jeweils thematischen Aussagen zu trennen, waren starke Kürzungen und Vereinfachungen notwendig. Zur Darstellung der Fügungen verwenden wir spezielle Abkürzungen und Variablen (Verzeichnis s.o.). In Anlehnung an Weinrichs Textgrammatik (1993) wird der Infinitiv von Verben hier generell selten verwendet; vielmehr überwiegen Satzmuster mit Präsensformen, damit die Zweiteiligkeit von Prädikaten deutlich wird.

- **Gliederungsprinzip:**
  Der Aufbau orientiert sich an textlinguistischen und funktionalen, handlungsbezogenen Kriterien. Textorganisation und Leserorientierung (z.B. Beziehungen und Verweise im Text, Textkommentierung und -gliederung) sowie charakteristische sprachliche Handlungsformen der wissenschaftlichen Kommunikation (z.B. Erläutern und Definieren, Argumentieren, Fragen, Gegenüberstellen, Vergleichen etc.) werden in den Vordergrund gestellt.

- **Ein- und Unterordnung des grammatischen Wissens:**
  Grammatische Themen und Lehrziele sind den thematischen und lexikalischen Schwerpunkten untergeordnet und werden an passender Stelle eingebracht. Daher erscheinen sie nicht im Inhaltsverzeichnis.

- **Methodisches Prinzip ‚Formulierungen beurteilen und verbessern':**
  Es ist ein inzwischen bewährtes Verfahren (z.B. in Schreibwerkstätten), besonders neu gewonnenes Wissen im Vorgang des Beurteilens und Verbesserns der Schreibprodukte anderer zu erproben und zu befestigen. Daher fin-

det sich mindestens eine entsprechende Übung in jedem Kapitel. Die Fehler-
beispiele stammen durchaus nicht nur von ausländischen Studierenden. Ein
Teil ist aus Texten deutscher Studierender oder WissenschaftlerInnen entnommen (ca. 30%). Umgekehrt sind Hausarbeiten ausländischer oder deutscher Studierender gelegentlich auch Lieferanten für positive Beispiele.

Die Kapitel sind nicht strikt progressiv aufgebaut und können deshalb auch
unabhängig voneinander bearbeitet werden. Aufgrund der unterschiedlichen Bedürfnisse der akademischen Zielgruppen und aufgrund der unterschiedlichen
Kursformate schien uns eine eng verzahnte Progression nicht hilfreich. Jedes
Kapitel enthält Listen und Tabellen mit Wortschatz, z.T. nach Wortfamilien ge-
ordnet, vor allem aber mit Fügungen der Wissenschaftssprache (Redewendungen, Kollokationen, idiomatischen Prägungen). Außerdem finden sich in jedem
Kapitel kurze Erläuterungen zum jeweiligen Thema, authentische Textbeispiele,
Übungen mit unterschiedlichen Aufgabentypen und knapp gehaltenen Ausführungen zur Wissenschaftssprache und zum wissenschaftlichen Schreiben. Die
Übungen sind teils mit dem thematischen Teil verwoben, teils zu eigenen
Übungsblöcken angeordnet. Hier finden sich stark gelenkte Übungen (zum Einsetzen, Umformulieren, Kombinieren und Zuordnen), die vor allem der Verfestigung präsentierter Strukturen dienen. Weiter gibt es Übungen zur Textanalyse,
in denen Strukturen erkannt und das Bewusstsein für sie geschärft werden soll,
und es gibt Schreibübungen zur vorgabengeleiteten Textproduktion. Auf eine
größere Anzahl freier Schreibaufgaben (Essays, Aufsätze) haben wir verzichtet,
da sich Themen dafür im Umfeld der Studienfächer leicht finden lassen.

Einen etwas anderen Stellenwert hat das Kapitel 9: Es enthält zwar auch Übungen, ist aber vorwiegend zum Lesen und auch zum gezielten Nachschlagen
geeignet. Es informiert speziell und möglichst knapp über die Bedeutung ausge-
wählter Substantive und Verben im wissenschaftssprachlichen Gebrauch. Aus
den oben genannten Gründen kann und soll es allerdings kein Wörterbuch erset-
zen, das normalerweise mehr Informationen über Bedeutung und Gebrauch gibt.

Aus eigener Erfahrung wissen wir, dass DozentInnen in studienbegleitenden
Kursen auf C2-Niveau vor große Herausforderungen gestellt sind. Sowohl die
Erklärung wissenschaftssprachlicher Strukturen wie auch die Korrektur fehler-
hafter Beispiele ist schwierig; beides bedarf einer sorgfältigen Vor- und Aufbe-
reitung. Erfahrungen mit der Wissenschaftssprache Deutsch sind deshalb wichtig und nützlich. Um Studierende und Lehrende bestmöglich zu unterstützen, haben wir zu allen Übungen und Aufgaben Lösungen vorbereitet, die im Internet
unter der Adresse www.wissenschaftssprache.de abrufbar sind. Dort finden
sich auch ergänzende Übungsangebote und Hinweise für Lehrende. Diese Inter-
netseite ist nach unserer Einschätzung eine wichtige Ergänzung des Lehrbuchs
und somit Teil des Lehrwerks.

1 Alltägliche Wissenschaftssprache

1.1 Was ist „Alltägliche Wissenschaftssprache"?

Wissenschaftliche Texte enthalten unterschiedliches Sprachmaterial:

- Fachwörter (Fachtermini) des jeweiligen Faches,
- Wörter und Ausdrucksweisen der Gemeinsprache, die in Texten jeder Art vorkommen können,
- Wörter und Ausdrucksweisen, die auf das wissenschaftliche Handeln im weiteren Sinne bezogen sind: Forschen, Nachdenken und Analysieren, Austausch mit anderen über wissenschaftliche Themen. Man spricht hier von der Allgemeinen Wissenschaftssprache oder – noch deutlicher – von der Alltäglichen Wissenschaftssprache.

Sie ist alltäglich in einem doppelten Sinn:

1. Die sprachlichen Elemente sind überwiegend deutsche Wörter, viele von ihnen werden auch außerhalb der Wissenschaftssprache, in der Umgangs- oder Alltagssprache, benutzt.
2. Es handelt sich dabei nicht nur um Begriffe, sondern auch um Verben und vor allem viele idiomatische Wortkombinationen, sogenannte Fügungen. Sie sind für jeden Wissenschaftler notwendig, um seinen Alltag zu bewältigen.

Der folgende Textausschnitt aus einer Monographie über die Sprachgeschichte der deutschen Universitäten enthält viele Beispiele für typische und beliebte Redewendungen (Fügungen) der Alltäglichen Wissenschaftssprache (AWS).

1.2 Typische idiomatische Fügungen der Wissenschaftssprache

Aufgabe: Lesen Sie den Textausschnitt. Markieren Sie die Fügungen, die Ihrer Meinung nach in allen Fächern verwendet werden können. Vergleichen Sie dann mit der Tabellendarstellung weiter unten.

Die Aspekte, unter denen das Thema ‚Latein und Deutsch' in den vorangegangenen drei Kapiteln betrachtet wurde, dienten dem Zweck, die im Mittelpunkt dieser Arbeit stehende These historisch zu verankern und zu belegen. Mit jedem der gewählten Zugänge – dem sozialgeschichtlichen, wissenschaftsgeschichtlichen und sprachgeschichtlichen – konnte die These erhärtet werden: Der innerhalb der Universität an der Wende vom 17. zum 18. Jahrhundert einsetzende Sprachenwechsel, die Ablösung des Gelehrtenlateins durch die Volkssprache, stellt kein isoliertes, auf rein Sprachliches zu reduzierendes Phänomen dar, sondern ist verknüpft mit einem gesellschaftlichen Funktionswandel der Institution ‚Universität' selbst und mit einem Denkstilwandel der in ihr betriebenen Wissenschaft. Auch der folgende Exkurs „Die europäischen Universitäten zwischen Latein und Volkssprache" wird diese These noch einmal stützen. Engt man die Perspektive auf die Merkmale ‚Sprachenwahl', ‚gesellschaftliche Funktion' und ‚wissenschaftlicher Denkstil' ein, dann lassen sich vor dem Hintergrund der bisherigen Ausführungen zwei unterschiedliche Typen von Universität charakterisieren: die mittelalterliche Universität, deren Existenzform sich gegen Ende des 17. Jahrhundert aufzulösen beginnt und im Laufe des 18. Jahrhunderts durch den zweiten Typus, die neuzeitliche Universität, ersetzt wird. Die Tabelle 2 [folgende Seite] stellt die Kennzeichen beider Typen, wie sie in den vorangegangenen beiden Kapiteln deskriptiv und argumentativ erarbeitet worden sind, noch einmal in übersichtlicher Form gegenüber. Selbstverständlich handelt es sich bei einer solchen Gegenüberstellung um eine zugespitzte Typisierung. Für einzelne Merkmale, die der neuzeitlichen Universität beigelegt werden, wie zum Beispiel eine stärker praxisorientierte und berufsbezogene Ausrichtung der Wissenschaften, gab es schon im 16. und 17. Jahrhundert fruchtbringende Ansätze. Umgekehrt bewahrt die Universität bis heute in Teilen der akademischen Selbstverwaltung und der akademischen Prüfungen (Magister, Promotion, Habilitation) eine gewisse Autonomie, in der noch Relikte mittelalterlicher Traditionen greifbar sind. Dennoch hat sich gerade an der Geschichte der Universität Halle und an der Person Christian Thomasius' gezeigt, daß der Wandel von der mittelalterlichen zur neuzeitlichen Universität in der hier typisierten Weise nicht nur im historischen Rückblick konkret zu (re)konstruieren ist, sondern von den Zeitgenossen auch als ein solcher empfunden und von den Beteiligten intendiert wurde.

....

1. Ausdrücklich betont werden soll, daß für eine bis in die Gegenwart reichende Charakterisierung der Universitätsgeschichte die neuzeitliche Universität noch genauer differenziert werden müßte. So wäre der Typus Halle und Göttingen, der hier für den Umriß der neuzeitlichen Universität vor allem herangezogen wurde, von dem im 19. Jahrhundert entwickelten Typus Berlin zu unterscheiden. Seit den 60er Jahren des 20. Jahrhunderts hat sich dann noch ein weiterer Typus herausgebildet, die Universität als Großbetrieb. Da die hier vorgeschlagene Charakterisierung der neuzeitlichen Universität aber grundlegend für alle drei soeben genannten Typen ist und zudem unser Untersuchungszeitraum die beiden letzten Typen (Typus Berlin, Typus Universität als Großbetrieb) nicht mehr umfaßt, wird auf eine Ausführung und Berücksichtigung dieser Differenzierung verzichtet.

(Auszug aus: Jürgen Schiewe 1996)

Textausschnitt und Fußnote	typische Fügungen der AWS
Die Aspekte, unter denen das Thema ‚Latein und Deutsch' in den vorangegangenen drei Kapiteln betrachtet wurde, dienten dem Zweck, die im Mittelpunkt dieser Arbeit stehende These historisch zu verankern und zu belegen. Mit jedem der gewählten Zugänge – dem sozialgeschichtlichen, wissenschaftsgeschichtlichen und sprachgeschichtlichen – konnte die These erhärtet werden: Der innerhalb der Uni-	– Thema X wird unter einem Aspekt betrachtet – X steht im Mittelpunkt der Arbeit – eine These wird … verankert und belegt – ein Zugang wird gewählt – These X wird erhärtet

versität an der Wende vom 17. zum 18. Jahrhundert einsetzende Sprachenwechsel, die Ablösung des Gelehrtenlateins durch die Volkssprache, stellt kein isoliertes, auf rein Sprachliches zu reduzierendes Phänomen dar, sondern ist verknüpft mit einem gesellschaftlichen Funktionswandel der Institution ‚Universität' selbst und mit einem Denkstilwandel der in ihr betriebenen Wissenschaft. Auch der folgende Exkurs *„Die europäischen Universitäten zwischen Latein und Volkssprache"* wird diese These noch einmal stützen. Engt man die Perspektive auf die Merkmale ‚Sprachenwahl', ‚gesellschaftliche Funktion' und ‚wissenschaftlicher Denkstil' ein, dann lassen sich vor dem Hintergrund der bisherigen Ausführungen zwei unterschiedliche Typen von Universität charakterisieren: die mittelalterliche Universität, deren Existenzform sich gegen Ende des 17. Jahrhundert aufzulösen beginnt und im Laufe des 18. Jahrhunderts durch den zweiten Typus, die neuzeitliche Universität, ersetzt wird. Die Tabelle 2 [folgende Seite] stellt die Kennzeichen beider Typen, wie sie in den vorangegangenen beiden Kapiteln deskriptiv und argumentativ erarbeitet worden sind, noch einmal in übersichtlicher Form gegenüber. Selbstverständlich handelt es sich bei einer solchen Gegenüberstellung um eine zugespitzte Typisierung. Für einzelne Merkmale, die der neuzeitlichen Universität beigelegt werden, wie zum Beispiel eine stärker praxisorientierte und berufsbezogene Ausrichtung der Wissenschaften, gab es schon im 16. und 17. Jahrhundert fruchtbringende Ansätze. Umgekehrt bewahrt die Universität bis heute in Teilen der akademischen Selbstverwaltung und der akademischen Prüfungen (Magister, Promotion, Habilita-

– X stellt ein Phänomen dar
– X stellt kein isoliertes Phänomen dar
– das Phänomen ist nicht auf X zu reduzieren
– das Phänomen ist verknüpft mit X

– Wissenschaft wird betrieben
– der folgende Exkurs
– eine These stützen
– F engt die Perspektive auf A ein

– zwei Typen lassen sich charakterisieren
– vor dem Hintergrund von D
– vor dem Hintergrund der Ausführungen

– die Tabelle stellt die Kennzeichen von D und D gegenüber
– die Kennzeichen, wie sie …
  erarbeitet wurden
– etwas deskriptiv und argumentativ erarbeiten
– es handelt sich bei X um A
– eine Typisierung ist zugespitzt
– D werden Merkmale beigelegt

– für ein Merkmal gab es Ansätze
– ein Ansatz ist fruchtbringend
– umgekehrt …

tion) eine gewisse Autonomie, in der noch Relikte mittelalterlicher Traditionen greifbar sind. Dennoch hat sich gerade an der Geschichte der Universität Halle und an der Person Christian Thomasius' gezeigt, daß der Wandel von der mittelalterlichen zur neuzeitlichen Universität in der hier typisierten Weise nicht nur im historischen Rückblick konkret zu (re)konstruieren ist, sondern von den Zeitgenossen auch als ein solcher empfunden und von den Beteiligten intendiert wurde.	– eine gewisse … – an / in / bei D hat sich gezeigt, … – in der hier typisierten Weise – ein Phänomen rekonstruieren (konkret)
Fußnote: Ausdrücklich betont werden soll, daß für eine bis in die Gegenwart reichende Charakterisierung der Universitätsgeschichte die neuzeitliche Universität noch genauer differenziert werden müßte. So wäre der Typus Halle und Göttingen, der hier für den Umriß der neuzeitlichen Universität vor allem herangezogen wurde, von dem im 19. Jahrhundert entwickelten Typus Berlin zu unterscheiden. Seit den 60er Jahren des 20. Jahrhunderts hat sich dann noch ein weiterer Typus herausgebildet, die Universität als Großbetrieb. Da die hier vorgeschlagene Charakterisierung der neuzeitlichen Universität aber grundlegend für alle drei soeben genannten Typen ist und zudem unser Untersuchungszeitraum die beiden letzten Typen (Typus Berlin, Typus Universität als Großbetrieb) nicht mehr umfaßt, wird auf eine Ausführung und Berücksichtigung dieser Differenzierung verzichtet.	– F betont A ausdrücklich – für eine Charakterisierung – N muss genauer differenziert werden – A ist von D zu unterscheiden – F zieht A (einen Typus) heran – etwas bildet sich heraus – eine Charakterisierung wird vorgeschlagen – eine Charakterisierung ist grundlegend – der Untersuchungszeitraum umfasst A – auf eine Ausführung wird verzichtet

1.3 Einsetzübung: Sprachgeschichte der Universität

Die Übung basiert auf dem obigen Textauszug von Jürgen Schiewe.

Aufgabe: Füllen Sie die Lücken mit passenden Ausdrücken aus dem oben genannten Textauszug. Zusätzlich zu den im Original verwendeten Fügungen können auch noch andere Vorschläge gemacht werden.

Das Thema „Latein und Deutsch" wurde bisher unter verschiedenen

(1) _____ betrachtet. Die Ausführungen dienen

(2) _____, die Hauptthese der Arbeit zu

(3) _____ / _____ / _____.

Es gibt einen sozialgeschichtlichen und einen sprachgeschichtlichen

(4) _____ zum Thema. Der Sprachenwechsel ist nicht auf ein

rein sprachliches Phänomen zu (5) _____.

Die bisher weite Perspektive der Arbeit soll nun auf drei Merkmale

(6) _____ werden. Zwei Typen von Universitäten lassen sich

vor (7) _____ der bisherigen Ausführungen

unterscheiden. Die Kennzeichen der beiden Typen sind in den voran-

gegangenen Kapiteln (8) _____ worden. Die Tabelle

(9) _____ die beiden Typen einander (10) _____.

Diese (11) _____ zeigt die Differenzen sehr klar.

Dagegen könnte eingewendet werden, dass die Typisierung zu sehr

(12) _____ ist. Tatsächlich ist der

(13) _____ zwischen den Typen weniger groß,

als die Tabelle nahelegt: Bestimmte (14) _____ der

heutigen Universität waren ansatzweise schon im 16. und 17 Jh.

festzustellen. Für die Forschung kommt es darauf an, den historischen

Wandel in seinen Phasen und Stufen zu (15) _____.

In Berlin hat sich später ein anderer Typ von Universität als in Freiburg

(16) _____. Wenn man den Untersuchungszeitraum

auf das 20. Jh. (17) _____, tritt die moderne

Massenuniversität in den (18) _____.

2 Begriffserläuterung und Definition

2.1 Einführung

Eine Begriffserläuterung (man kann auch von Begriffsbestimmung sprechen) ist eine lexikalische Definition. Sie hat, ebenso wie eine wissenschaftliche Definition, immer zwei Seiten, ähnlich wie eine mathematische Gleichung, „X" ist dabei eine Bezeichnung für die Sache (im weiteren Sinne), die definiert wird:

„X"	=	Y
Definiendum	=	*Definiens (Bezeichnungen der Logik)*
Eine Universität	ist	eine in mehrere Fakultäten gegliederte [die Gesamtheit der Wissenschaften umfassende] Anstalt für wissenschaftliche Ausbildung und Forschung (Bedeutung laut Duden-Universalwörterbuch)

„X" kann ein Gegenstand sein, aber auch eine Handlung oder ein Vorgang. Wenn „X" noch wenig erforscht wurde, sprechen die Wissenschaftler gern von einem Phänomen. Alle Fächer haben beide Arten von Begriffen. Ein Beispiel für einen Vorgangsbegriff aus dem Fach Jura: die Beschwerde, noch genauer: *Beschwerde einlegen.*

Eine Definition ist eine fachliche Bedeutungsangabe, oft mit einer Erklärung verbunden. Im Unterschied zu einer Wortdefinition im Wörterbuch informiert die wissenschaftliche Definition eines Terminus darüber, welches Verständnis das zuständige Fach von X hat. Meist handelt es sich um eine knappe Darstellung des gesicherten Wissens. Wenn ein neuer Begriff eingeführt wird, ist auch eine Festlegung der Bedeutung notwendig (Nominaldefinition). Diese erste Definition ist manchmal umstritten. Dann beginnt ein Prozess der Diskussion mit dem Ziel der Einigung auf ein gemeinsames Verständnis. Fortschritte im Wissen führen zu Veränderungen der Definition. Berühmte Beispiele sind die physikalischen Definitionen von Licht und Wärme.[1]

Definitionen können also nicht von Studenten geschaffen werden, sie werden im Fach ausgearbeitet. Wissenschaftler können Benennungen und Definitionen vorschlagen, je nach Autorität der Person und Überzeugungskraft der Definition werden sie allgemein übernommen. Eine studentische Arbeit gibt oft eine Erläuterung eines (Fach)Begriffs. Das ist also eine Wiedergabe der Definition auf Basis der Fachliteratur, mit oder ohne Zitat. Die ausführlichere Darstellung des Begriffsinhalts nennt man auch die Explikation eines Begriffs. Sie ist mehr oder weniger lang, je nach Lesern oder Zuhörern.

---

1 Vgl. z. B. die Einträge bei Serres / Farouki: Thesaurus der exakten Wissenschaften.

Für die Sozial- und Geisteswissenschaften ist es fast normal, dass viele Fachbegriffe von verschiedenen Wissenschaftlergruppen (auch Ansätze oder Schulen genannt) verschieden aufgefasst und auch definiert werden. Eine wissenschaftliche Arbeit kann dann nicht einfach *die* Definition nennen, sondern oft nur eine oder mehrere Auffassungen referieren. Definitionen werden also wiedergegeben.

Einige wichtige sprachliche Mittel dafür zeigt die folgende Aufstellung, links logisch, rechts mit grammatischen Angaben:

Idiomatische Fügungen:

Begriffserläuterung und Wiedergabe einer Definition	
X ist Y	(ein) N ist ein N
unter X versteht man Y	unter (einem) D versteht man einen A
	im Fach X versteht man unter D A
bei X handelt es sich um Y	bei (einem) D handelt es sich um einen A
X wird als Y aufgefasst	(ein) N wird als (ein) N aufgefasst
X besteht in Y	(ein) N besteht in (einem) D
F definiert X als Y	N definiert (den) A als (einen) A
X setzt sich aus Y zusammen	(ein) N setzt sich aus (den) D zusammen
F definiert Y durch Y	N definiert (den) A durch (einen) A
mit D meint F A	N (= Wort, Ausdruck) meint A

Folgende Besonderheiten sind hier zu beachten:

1. Man muss unterscheiden zwischen dem Reden über die Sache und Reden über einen Begriff (also über das Wissen über X oder die Bedeutung von X). Letzteres geht z.B. so:

   a) Der Ausdruck „Schreibprozess" bezieht sich auf einzelne Schreibvorgänge, die ...

   b) Der Begriff Schreibprozess bezieht sich auf einzelne Schreibvorgänge, die ...

   c) „Schreibprozess" ist ein Terminus der neueren Schreibforschung.

Dabei ändert sich auch der Gebrauch des bestimmten Artikels:

   a) Mit „deutsche Schrift" meint man im Allgemeinen eine sogenannte gebrochene Schrift, die bis 1941 in Gebrauch war.

   b) Mit der Bezeichnung *deutsche Schrift* meint man im Allgemeinen eine sogenannte gebrochene Schrift, die bis 1941 in Gebrauch war.

Fehlerhafte Formulierung: Mit *der deutschen Schrift* meint man ...

2. Die Variable „X" entspricht nicht immer einem einzelnen Nomen (vgl. die kursiv gedruckte Wortgruppe im Beipiel)

B1 „In der Mathematik versteht man unter der *Abbildung einer Menge A in eine Menge B* ein Objekt, das es gestattet, jedem Element von A ein Element von B zuzuordnen."

(aus: Serres / Farouki 2000, S. 3)

3. Begriffserklärungen können auch durch Abgrenzungen erläutert und konkretisiert werden:

B2 „Ein Interview besteht immer aus mehreren Fragen und Antworten; wenn nur eine Frage vorkommt (nach Haller minimal drei), kann man nicht von einem Interview sprechen."

(aus einer studentischen Hausarbeit)

2.2 Übungen zu Begriffserläuterung und Definition

2.2.1 Übung zur Textanalyse: Ein Ausdruck – zwei Fachbegriffe

Aufgabe: Lesen Sie die beiden folgenden Begriffsbestimmungen und markieren Sie die charakteristischen Formulierungen.

Fusion (Physik, Atomphysik)
Unter *Fusion* versteht man die Verschmelzung leichter Atomkerne zu schwereren. Von allen Paaren leichter Atomkerne, die verschmelzen können, liefert die Reaktion zwischen den beiden schweren Isotopen des Wasserstoffs – Deuterium und Tritium – die größte Energieausbeute bei der niedrigsten Plasmatemperatur. Dabei wird ein schnelles Neutron frei, das achtzig Prozent der insgesamt gewonnenen Energie mit sich trägt.

(aus: Komplexe Systeme verstehen, 2003)

Fusion (Betriebswirtschaftslehre)
Als Fusion bezeichnet man den Zusammenschluss von Unternehmen, die beim Zusammenschluss auch ihre rechtliche Selbständigkeit aufgeben, so dass nach dem Zusammenschluss nur noch eine rechtliche Einheit (Firma) existiert. Sie kann sich entweder durch Aufnahme (Gesellschaft A nimmt die Gesellschaft B auf; danach besteht nur noch das Unternehmen A) oder durch Neubildung (die Gesellschaften A und B bilden zusammen ein neues Unternehmen C) vollziehen.

(aus: Woll 1990)

2.2.2 Übung: Formulierungen sammeln

Aufgabe: Welche Verben und anderen Formulierungen für Begriffserläuterung, Explikation und Definition kennen Sie neben den oben genannten noch? Notieren Sie Beispiele aus Ihrem Fach oder Fachbereich.

2.2.3 Übung zum Definieren: Scherz und Wahrheit

Aufgabe: Antworten Sie in ganzen Sätzen auf die Fragen. Verwenden Sie die Antwortvorgaben und das Verb aus dem Fragesatz.

Beispiel:
   Was ist ein Anrufbeantworter?
   – jemand, der Fragen am Telefon beantwortet?
   – ein Apparat, der die Nachricht eines Anrufers aufnehmen kann?

Lösung:
   Ein Anrufbeantworter ist nicht jemand, der Fragen am Telefon beantwortet, sondern ein Apparat, der die Nachricht des Anrufers aufnehmen kann.

1. Worauf bezieht sich das Wort „Brieftasche"?
    – die Tasche des Briefträgers?
    – das Portemonnaie?

2. Worum geht es bei dem Begriff Gastfreundschaft?
    – spontane Freundschaft zwischen den Gästen?
    – die Tatsache, dass eine Familie oder Kultur gern Gäste empfängt?

3. Wie ist das Wort „Fundbüro" zu definieren?
    – ein Büro, das man vorher lange gesucht hat?
    – eine Sammelstelle für gefundene Sachen?

4. Was versteht man unter einem Arbeitnehmer?
    – jemand, der jede Arbeit annimmt?
    – ein Arbeiter oder Angestellter, der bei einer Firma arbeitet?

5. Was meint man mit dem Wort „rezeptfrei"?
    – ein ohne Rezept gekochtes Essen?
    – ein Medikament ohne Arztrezept?

2.2.4 Übung: erläuternde Zusätze formulieren

Oft folgt nach einem Begriff oder einer Behauptung direkt eine kurze Erläuterung im Text, die in Form eines Zusatzes angeschlossen ist.

Mögliche Einleitungen für Zusätze:

   und zwar / das heißt (d.h.) / unter anderem (u.a.) / darunter (auch) / zum Beispiel (z.B.) / wie z.B. / so zum Beispiel / beispielsweise / etwa / also / insofern als / besonders / insbesondere

Aufgabe: Formulieren Sie die folgenden Sätze mit Hilfe der o.g. Einleitungen um. Die erläuternden Zusätze sind in Klammern angegeben.

Beispiel:

Es gibt nur zwei Wortarten im Chinesischen. (Begriffswörter und Funktionswörter.)

Lösung:

Es gibt nur zwei Wortarten im Chinesischen, nämlich Begriffswörter und Funktionswörter.

1. Es gab mehrere Vorbedingungen für die Industrielle Revolution in England am Ende des 18. Jahrhunderts. (wichtig: Veränderungen in der Landwirtschaft)

2. Der Schreibprozess ist eine komplexe Einheit. (Gesamtheit von mehreren Teilprozessen)

3. 1812 war Napoleon auf der Höhe seiner Macht. (Sein Reich hatte die größte Ausdehnung.)

4. Einige deutsche Präpositionen verlangen den Genitiv. (jenseits)

5. Als Peripherie bezeichnet man beim Computer die Geräte und Geräteteile im Umkreis der Zentraleinheit und des Arbeitsspeichers. (Tastatur, Maus, Bildschirm, Drucker ...)

Orthographischer Hinweis:

Abkürzungen wie *z.b.* sollen am Satzanfang ausgeschrieben werden:
Zum Beispiel ist ...

2.2.5 Einsetzübung: Der Arbeitsbegriff

Aufgabe: Ergänzen Sie die Lücken in der folgenden Begriffsbestimmung.

Der (1) _____ der Arbeit ist ein Grundkonzept der Mechanik, also

jenes Zweigs der Physik, der sich mit Kräften und deren Einfluss auf die

Bewegung von Körpern (2) _____. Die von einer äußeren Kraft

verrichtete Arbeit wird als das Produkt aus der Kraftkomponente in Weg-

richtung des Objekts und dem von dem Objekt zurückgelegten Weg

(3) _____. Etwas konkreter (4) _____ sie die Verände-

rung der Energie des Objekts unter der Einwirkung der betreffenden

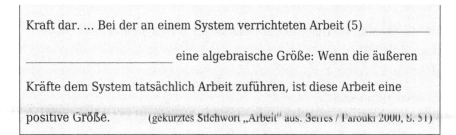

Kraft dar. ... Bei der an einem System verrichteten Arbeit (5) _____

_____ eine algebraische Größe: Wenn die äußeren

Kräfte dem System tatsächlich Arbeit zuführen, ist diese Arbeit eine

positive Größe.   (gekurztes Stichwort „Arbeit" aus. Serres / Farouki 2000, S. 51)

2.2.6 Schreibübung: Begriffe erklären

Aufgabe: Formulieren Sie zu folgenden Benennungen und Begriffen aus dem Hochschulleben kurze erklärende Texte:

> *die Vorlesung, das Semester, „s.t.", die Publikation, die Habilitation, das Kolloquium, das Forschungsprojekt, das Studentenwerk, die Mensa, das Stipendium*

Beispiele für den Textanfang:

> Bei einer Vorlesung handelt es sich um ...
> „Vorlesung" ist eine Bezeichnung für ...
> Die Abkürzung „s.t." steht für ...

2.2.7 Übung: Definitionen aus Sachinformationen gewinnen

Aufgabe: Formulieren Sie mit Hilfe der Informationen aus dem nachfolgenden Text eine knappe Definition (Bedeutungsangabe) dessen, was ein „Assistent" an Universitäten ist.

Wissenschaftliche und künstlerische Assistenten

Der wissenschaftliche Assistent hat wissenschaftliche Dienstleistungen in Forschung und Lehre zu erbringen, die auch dem Erwerb einer weiteren wissenschaftlichen Qualifikation förderlich sind. Entsprechend seinem Fähigkeits- und Leistungsstand ist ihm ausreichend Zeit zu eigener wissenschaftlicher Arbeit zu geben. Zu seinen wissenschaftlichen Dienstleistungen gehört es auch, den Studenten Fachwissen und praktische Fertigkeiten zu vermitteln und sie in der Anwendung wissenschaftlicher Methoden zu unterweisen. Im Bereich der Medizin gehören zu den wissenschaftlichen Dienstleistungen auch Tätigkeiten in der Krankenversorgung. Der wissenschaftliche Assistent ist einem Professor zugeordnet und nimmt seine Aufgaben unter dessen fachlicher Verantwortung wahr. [...]

Die Absätze 1 bis 3 gelten für „künstlerische Assistenten" entsprechend.

(aus: Handbuch für den wissenschaftlichen Nachwuchs 2003)

2.2.8 Übung: Studentische Produktionen beurteilen / verbessern

Aufgabe: Lesen Sie die Beispiele aus studentischen Hausarbeiten und formulieren Sie Verbesserungsvorschläge.

1. „Heutige Fachsprachen sind sehr spezialisiert und weisen einen großen Umfang auf. Im 19. Jh. wurden aufgrund der dringenden Notwendigkeit viele neue Begriffe erfunden."

2. „Es wird über den Unterschied zwischen Lexikographie und Lexikologie diskutiert. Die beiden Begriffe befassen sich mit dem Wortschatz."

3. „Xenologie ist Fremdheitsforschung (...) Die Xenologie ist interdisziplinär und kommt vom Griechischen xenos - fremd und logos - Begriff."

4. „Daraus ergibt sich die Schwierigkeit, den Begriff präzise definieren zu können."

5. „Die Wortart ist ein zentraler Begriff der Grammatik und hängt primär von der Struktur der zu beschreibenden Sprache sowie von der Zielsetzung der Grammatikbeschreibung ab."

6. „Eine weitgreifende und meiner Meinung nach plausiblere Definition leistet Niederhauser: (Zitat)."

_____

_____

7. Unter Kommunikation wird in dieser Arbeit verstanden, dass sie aus „Prozessen von Produktion und Reproduktion zu rekonstruieren (ist) ..."

_____

_____

8. „Zu viel Lärm, weite Distanz, Schwerhörigkeit, Formulierungsprobleme beim Sprechen, verschiedene Dialekte von den Beteiligten, sind die Faktoren, die die Fehlkommunikation in diesem Fall definieren könnten."

_____

_____

_____

9. „Unter Publikation versteht man ein wissenschaftliches Schreiben, das von einem Thema handelt."

_____

_____

3 Thematisierung, Kommentierung und Gliederung

Damit ein Text für den Leser verständlich wird, muss der Autor für das Wissen, das er vermitteln will, eine zweckmäßige Darstellung finden. Man spricht hier von der Textorganisation. Dazu gehört sowohl die sprachliche wie auch die nicht sprachliche Gestalt des Textes, so z.B. Überschriften, Aufbau, Leserorientierung im Text wie z.b. das Verknüpfen einzelner Abschnitte miteinander oder Vor- und Rückverweise.

Beim Formulieren eines Textes sollte darauf geachtet werden, dass dem Leser Gliederung und Aufbau klar kenntlich gemacht werden und dass er an das jeweilige Thema herangeführt wird. Es gibt eine reiche Auswahl an textgliedernden, textkommentierenden und thematisierenden sprachlichen Mitteln, die hierfür zum Einsatz kommen können.

3.1 Wie macht man etwas zum Thema?

In Reden und Texten wird zu Beginn das vom Sprecher gewählte Thema verdeutlicht. Damit wird etwas thematisiert. Der Autor kann später zu anderen Themen bzw. zu Unterthemen übergehen. Erste Thematisierungen können durch Titel und Überschriften realisiert werden sowie mit einleitenden Ankündigungen wie z.B. *in dieser Arbeit / in diesem Beitrag / im Folgenden*. An eine solche Ankündigung kann dann angeknüpft werden, z.B. mit Ausdrücken wie *dies / dabei / hierfür*.

B1   „Im Folgenden wird der Versuch unternommen, verschiedene Bestimmungen von *Text* gegeneinander abzugrenzen. Dies geschieht, indem ...“

(aus einer studentischen Hausarbeit)

Aufgabe: Analysieren Sie ein oder zwei Textbeispiele (z.B. aus Kap. 8). Wie wird dort sprachlich deutlich gemacht, was gerade Thema ist und was Thema werden soll? Markieren Sie die Textstellen.

3.1.1 Übung: Thematisierung, Anknüpfung und Neuthematisierung in wissenschaftlichen Texten

Aufgabe: Lesen Sie die folgenden Beispiele und markieren Sie
       − die einleitenden Ankündigungen durch Unterstreichen,
       − die Anknüpfungen und Neuthematisierungen (farbig).

Beispiel:

Der folgende Beitrag legt den thematischen Akzent auf Fragen der Modellbildung und der Entwicklung wissenschaftlicher Schreibfähigkeiten. Dabei ...

1) Der vorliegende Artikel berichtet von dem Versuch, die psychoanalytische Methode der freien Einfälle zu nutzen, um unbewusste Stellungnahmen von Kindern zum Psychotherapieplan zu erfassen [...].

(aus: Korpus Thielmann, Fach Psychologie)

2) Typische Schreibaufgaben der Oberstufe sollen im Folgenden daraufhin untersucht werden, wie Lesen und Schreiben ineinander greifen, welche sprachlichen Kompetenzen im Einzelnen gefördert werden und wie diese an wissenschaftliche Konventionen und Textarten anschließbar sind bzw. welche Desiderate an Schule und Hochschule festzustellen sind. Dabei sollen die Aufgabenarten v.a. daraufhin untersucht werden, welche übergeordneten und d.h. fachübergreifenden Funktionen sie für ein wissenschaftliches Studium erfüllen.

(aus: Beste 2003)

3) Im Mittelpunkt des Beitrags steht die Frage, welchen Einfluss genetisch bedingte Anfälligkeit auf den Verlauf einer Infektionskrankheit hat. So kann eine harmlos verlaufende Infektion mit Streptokokken heimtückische Spätfolgen haben.

(aus: Komplexe Systeme verstehen, 2003)

4) Die vorliegende Untersuchung soll zeigen, dass auch in regionalen Varietäten des Deutschen Unterschiede in der Realisierung des Fokusakzents auf Unterschiede in der tonalen Organisation hindeuten. Ein Beispiel hierfür stellt die Hamburger Umgangssprache dar.

(aus: Korpus Thielmann, Fach Phonetik)

5) Gegenstand dieser Arbeit ist die Darlegung von Kriterien zur Bewertung gesundheitlicher Risiken für den Menschen am Beispiel von Umweltkontaminanten im Trinkwasser. Die Bewertungskriterien werden zunächst am Beispiel militärischer Altlasten entwickelt und darauf aufbauend in ein umfassend anwendbares Bewertungssystem für Böden und Gewässer verallgemeinert.

(aus: Korpus Thielmann, Fach Ingenieurwissenschaften)

3.2 Textkommentierung und Gliederung

Ein klar gegliederter Text zeichnet sich dadurch aus, dass Inhalte übersichtlich geordnet und einzelne Abschnitte miteinander verknüpft sind, dass Fragestellungen formuliert werden und die Leseraufmerksamkeit gelenkt wird.

Wer einen Text schreibt, kann darin auch *über* seinen Text reden. Er kann dem Leser etwas ankündigen, zurückverweisen auf frühere Textstellen, ein Thema ausdrücklich ansprechen (s.o.), den Textaufbau begründen und andere Dinge dieser Art. Der Autor kommentiert dann selbst seinen Text. Besonders die Einleitung eignet sich dafür.

3.2.1 Übung: Aufbau, Inhalt und sprachliche Gestaltung von Einleitungen

Aufgabe 1: Lesen Sie die Einleitung des Artikels „Online-Diskurse". Diese Einleitung umfasst zwei Abschnitte. Worum geht es in diesen beiden Abschnitten? Formulieren Sie für jeden eine Überschrift.

Online-Diskurse als Instrument politischer Partizipation

1. Politische Partizipation im Internet

Seit langem diskutieren Wissenschaftler die Frage, welche Auswirkungen das Internet auf das politische System und demokratische Verfahren haben wird. Häufig ist in diesem Zusammenhang eine Stärkung demokratischer Mitbestimmung, größere Bürgernähe und eine erhöhte Transparenz politischer Entscheidungsprozesse prognostiziert worden. Doch während inzwischen vor allem die Digitalisierung von Verwaltungsabläufen voranschreitet („eAdministration"), ist die so genannte elektronische Demokratie („eDemocracy") bisher hinter den optimistischen Prognosen zurückgeblieben. [...]

Die vorliegende Untersuchung soll dazu beitragen, dieses Ungleichgewicht zu beheben. Dazu wird im folgenden Kapitel (§2) zunächst die Fragestellung vor dem Hintergrund der Literatur zu eDemocracy präzisiert. Anschließend stellen wir den methodischen Ansatz zur Durchführung des Online-Diskurses dar. Im vierten Kapitel wird dann die Online-Diskussion evaluiert, wobei zunächst der politische Hintergrund des Fallbeispiels erläutert wird und danach diskussionsvorbereitende und -begleitende Maßnahmen präsentiert werden. Im Anschluss erfolgt die Analyse des Diskussionsverlaufs auf der Grundlage quantitativer und qualitativer Methoden. Dabei steht eine kritische Überprüfung der Hoffnungen im Vordergrund, die mit dem Einsatz des Internets in politischen Diskussionen verbunden werden. Im letzten Kapitel schließlich werden Erfolgsfaktoren für politische Online-Diskurse identifiziert und deren quantitatives Potenzial diskutiert.

2. Elektronische Demokratie [...]

(aus: Lührs u.a. 2004, S. 1)

Aufgabe 2: Welche Inhalte könnten Ihres Erachtens sonst noch in Einleitungen eines wissenschaftlichen Artikels vorkommen? Denken Sie an Ihre bisherigen Lese- und Schreiberfahrungen.

Aufgabe 3: Markieren Sie im zweiten Abschnitt: Mit welchen sprachlichen Mitteln wird thematisiert, gegliedert, angekündigt und zum nächsten Thema übergeleitet?

Aufgabe 4: Versuchen Sie, mit Hilfe dieser Einleitung eine Gliederung für den gesamten Artikel zu erstellen. Finden Sie Überschriften für die einzelnen Kapitel und nummerieren Sie sie.

Hinweis:

Das Zeichen § (Paragraph) stammt aus juristischen Texten. Ein Paragraph ist ein Abschnitt in einem Gesetzestext. Der Ausdruck und das Zeichen § werden auch auf die Gliederung von wissenschaftlichen Texten bezogen. Ein Abschnitt ist dann der kleinste mit einer Überschrift versehene Textteil. Anders als ein typographischer Abschnitt (auch Absatz genannt) kann er viele Seiten umfassen.

3.2.2 Formulierungen zur Textkommentierung und Gliederung

Die folgenden Formulierungen und Redewendungen sind geeignet, dem Leser die Textorganisation deutlich zu machen. Sie werden in Einleitungen, am Anfang oder Ende eines Kapitels oder bei thematischen Übergängen verwendet. Auch im Schlussteil einer Arbeit (Zusammenfassung, Fazit, Ausblick) kommen typische Formulierungen vor. Die Hauptaufgaben sind:

- Ankündigung einer späteren Texteinheit
- Wiederaufnahme bereits realisierter Äußerungen oder Texteinheiten
- Angabe von Ziel und Gegenstand einer Untersuchung
- Selbsteinschätzung des Verfassers (rückblickende Kommentierung).

- **Einleitung (Ziele nennen)**

Ziel der Arbeit ist N.
In diesem Beitrag werde ich / möchte ich ...
In dieser Studie soll N genauer untersucht werden.
Diese Arbeit verfolgt das Ziel einer G.
Das Ziel der / dieser Arbeit besteht in D.
Ziel der Arbeit ist (es), A zu untersuchen.
In dieser Untersuchung geht es (mir) um die Frage ...
Diese Arbeit beschäftigt sich mit D.
Die vorliegende Arbeit hat A zum Thema.

- **Gliederung vorstellen**

Zu Beginn werde ich A betrachten / beschreiben.
Als erstes betrachte ich A.
Zunächst wird N analysiert / Zunächst analysiere ich A.
Ausgehend von D soll N untersucht werden.
Nach einer Darstellung von D_1 komme ich zu D_2.
Im Anschluss an A ... / Daran anschließend ...
Abschließend ... / Schließlich ...
danach / dann / anschließend ...

- **Begriffe / Benennungen einführen**

N_1 wird hier / im Folgenden als N_2 (= Begriff, Terminus) bezeichnet.
Für A wird in dieser Arbeit der Terminus N verwendet.

- **Unterthemen / Nebenthemen nennen oder ausblenden**

Dabei werde ich auch die Frage berücksichtigen, warum ...
In diesem Zusammenhang gehe ich auch auf das Thema (A) ein.
N kann im Rahmen dieser Arbeit nicht berücksichtigt werden, da ...
Wegen D kann dieser Aspekt im Zusammenhang des vorliegenden
Themas nicht aufgenommen werden.

- **Ankündigungen**

Auf A werde ich in § 3 zurückkommen.
N wird unten im Einzelnen dargestellt.
Eine theoretische Einschätzung von D erfolgt im Abschnitt 3.
Kap. 4 vertieft die hier entwickelten Bestimmungen.

- **Überleitung zum nächsten Teil / Teilthema**

a) am Ende eines Abschnitts

Im Folgenden sollen die wichtigsten N vorgestellt werden.
Dies sei (nun) an D dargestellt / erläutert.
Im folgenden Abschnitt wird N genauer erläutert.
Nachdem N_1 dargestellt wurde, soll als nächstes N_2 analysiert
werden.

b) zu Beginn des neuen Abschnitts

Ich werde nun A erläutern.
Als erste Eigenschaft von D ist N zu nennen ...
N ist folgendermaßen zu beschreiben: ...
Diese Einsicht / dieses Ergebnis kann an einem Beispiel vertieft
werden.

- **Rückbezug auf vorherige Textpassagen**

In Kap. 3 habe ich bereits darauf hingewiesen, dass ...
Wie schon im letzten Abschnitt angesprochen, ist N ...
N ist ... (vgl. oben, Kap. X)
Zu Beginn wurde das Thema N aufgenommen / angesprochen.
Wie eingangs gesagt wurde, ...
die vorgenannten Merkmale
die bisherigen Ausführungen
das oben angesprochene Problem
die obige Graphik / das obige Beispiel

- **Abschließende Formulierungen**

Zusammenfassend lässt sich sagen, dass ...
Das bisher Gesagte zusammenfassend, ergibt sich ...
Festzuhalten ist / bleibt N.
Zum Abschluss soll noch darauf hingewiesen werden, ...
Abschließend komme ich auf die Frage des G / von D zurück.
Ich habe zu zeigen versucht, dass ...
Der Hauptteil der Arbeit sollte verdeutlichen, dass ...
Im bisherigen Verlauf wurde deutlich, dass ...

3.3 Übungen zu Textkommentierung und Gliederung

3.3.1 Einsetzübung: „Die Wissenschaft denkt nicht"

Aufgabe: Ergänzen Sie in der folgenden Einleitung eines wissenschaftlichen Artikels die Lücken durch Formulierungen zur Textgliederung und Textkommentierung (1 Lücke = 1 Wort).

---

(1) _____ von Heideggers Publikation ‚*Sein und Zeit*' soll in

diesem Beitrag untersucht werden, was jenes Programm zu einer Theorie

der Wissenschaften beiträgt und welche Schwierigkeiten dabei auftreten.

... Im (2) _____ gilt es zu fragen, welche Stellung die Wis-

senschaften in seinem philosophischen Ansatz einnehmen. Dazu bedarf es

mehrerer Schritte: (3) _____ soll das Verhältnis von *Philo-*

sophie und Wissenschaft behandelt werden (I), (4) _____ ist

unter der Formel ‚*Theorie als Praxis*' das wissenschaftstheoretische Pro-

jekt in seinen Hauptlinien zu rekonstruieren (II), um (5) _____

mit dem Zusammenhang von *Wissenschaft und Wahrheit* die Konsequen-

zen für Heideggers späteres Denken zu betrachten (III).

(aus: Korpus Thielmann, Fach Philosophie)

3.3.2 Einsetzübung: „Propädeutik des wissenschaftlichen Schreibens"

Hinweis:
Eine Propädeutik oder ein Propädeutikum (aus dem Altgriechischen) ist eine Vorbereitung auf ein Studium (durch die Vermittlung von Vorkenntnissen).

Aufgabe: Füllen Sie die Lücken in der nachfolgenden Einleitung eines wissenschaftlichen Artikels mit textkommentierenden Sprachmitteln (1 Lücke = 1 Wort).

Bezogen auf diese Fragen zum wissenschaftlichen Schreiben mache ich

(1) _____ (2) _____ einen praktischen Vorschlag. ...

(3) _____ einigen Vorüberlegungen zur Konzeption und Zielsetzung

der Propadeutik schildere ich den konkreten Ablauf des Kurses.

(4) _____ (5) _____ (6) _____ kommentiere ich den Zuschnitt

der Propädeutik und zeichne ihre Bezüge zur Text- und Textproduktions-

forschung nach. (7) _____ gebe ich einen Ausblick auf eine

geplante Verbreitung der hier vorgestellten propädeutischen Unterstüt-

zung.

(aus: Korpus Thielmann, Fach Schreibforschung)

3.3.3   Einsetzübung: „Untersuchung zur Kindersprache"

Aufgabe: Ergänzen Sie in der folgenden Einleitung eines wissenschaftlichen Artikels die Lücken durch Formulierungen zur Textgliederung und Textkommentierung (Adjektive, Adverbien wie *hier*, Modalverben wie *wollen* und
sollen), um die Gliederung zu verdeutlichen. Dabei gibt es manchmal
zwei oder auch mehr Möglichkeiten.

In der (1) _____ Untersuchung wurden die

Kinder aufgefordert nachzuahmen. Der eigentliche Test, mit dem heraus-

gefunden werden sollte, ob die Nachahmung als Quelle für Fortschritte

im Beherrschen der Grammatik relevant ist, sollte auf spontane Nach-

ahmungen gegründet werden, denn es kann sein, dass Kinder selektiv

nachahmen.

Das Material, das (2) _____ vorgeführt werden (3) _____, dient ledig-

lich der Veranschaulichung. Es basiert auf einer Untersuchung von nur

fünf Kindern. Es ist insofern einzigartig, als ich den Vorteil habe, auf der

Grundlage sorgfältiger deskriptiver Grammatiken für jedes der Kinder,

über die ich berichten (4) _____, zu arbeiten. Die entscheidende Frage,

die durch den Test geklärt werden (5) _____, ist (6) _____:

Unterscheiden sich nachgeahmte Äußerungen grammatikalisch von frei-

en Äußerungen? Und wenn sie sich unterscheiden, sind sie grammatika-

lisch weiter fortgeschritten? ...

Ich werde (7) _____ beschreiben, was ich unter einer Grammatik

verstehe, (8) _____ definieren, was ich unter Nachahmung

verstehe, und (9) _____ die Hypothese der Ähnlichkeit testen.

(aus: Ervin 1972, S. 173-175)

3.3.4   Einsetzübung und Umformulierung: „Förderung der zweitsprachlichen Schreibfähigkeit"

Aufgaben: a) Ergänzen Sie im nachfolgenden Text die Lücken.

b) Ein Verb kommt in dieser Einleitung mehrmals vor. Unterstreichen Sie zunächst die Stellen, an denen das Verb vorkommt. Sorgen Sie dann für Abwechslung in den Formulierungen und notieren Sie unten Verbesserungsvorschläge.

Mein Beitrag ist (1) _____ aufgebaut: Im ersten Ab-

schnitt werde ich auf den Begriff Lern-/Arbeitstechnik eingehen und ihn

in (2) _____ setzen zu dem, was ich allgemein als das strategische Verhalten des Sprachbenutzers (3) _____. Im zweiten

Abschnitt werde ich auf ein psycholinguistisches Modell zum Schreiben

eingehen, aus dem ich die wesentlichen Merkmale der Schreibfähigkeit

des kompetenten Muttersprachlers (4) _____. Im dritten Ab-

schnitt gehe ich auf die Schwierigkeiten ein, die der muttersprachliche

Schreiber bei der Entwicklung seines Schreibvermögens hat. Ich tue dies,

weil diese Schwierigkeiten wenigstens zum Teil auch die Probleme des

Zweitsprachenlerners (5) _____. Im vierten Teil gehe ich

auf die besonderen Probleme des Zweitsprachenlerners ein, die den

Erwerb einer angemessenen zweitsprachlichen Schreibfähigkeit behin-

dern oder sogar verhindern können. Der fünfte Teil geht auf Möglichkei-

ten ein, das zweitsprachliche Schreibvermögen zu fördern; ich werde da-

bei vor allem auf Möglichkeiten zur Förderung des strategischen Verhal-

tens über die Bereitstellung von Arbeitstechniken eingehen.

(aus: Wolf 1992, teilweise geändert)

Vorschläge zur Verbesserung des Textes:
Abschnitt / Teil 1:

_____

_____

Abschnitt / Teil 2:

_____

_____

Abschnitt / Teil 3:

Abschnitt / Teil 4:

Abschnitt / Teil 5:

3.3.5 Schreibübung: „Einleitung einer Hausarbeit"

Aufgabe: Schreiben Sie mit Hilfe der unten genannten Stichwörter (auf Basis von Kaiser, 2002) eine Einleitung zu einer Hausarbeit. Verwenden Sie dabei textgliedernde und textkommentierende Formulierungen.

Thema:	Kulturspezifik wissenschaftlicher Texte
Hintergrund:	Es gibt Vorurteile gegenüber fremden Wissenschaftskulturen, z.B. finden lateinamerikanische Wissenschaftler deutsche Texte langweilig, deutsche Wissenschaftler finden Texte aus Lateinamerika unwissenschaftlich.
Ziel:	Unterschiede zwischen deutschen und hispanoamerikanischen wissenschaftlichen Texten herausarbeiten
Methode:	Analyse empirischer Daten
Aufbau:	1. Überblick über Forschungsstand zur Kulturspezifik wissenschaftlicher Texte
	2. Kontrastive Textanalyse am Beispiel einer Sammlung von studentischen Arbeiten
	- Auswertung von Quellenangaben und Zitaten
	- Häufigkeit von Metaphern
	- Ausdruck von Gefühlen, Zweifeln, Unsicherheiten
	3. Konsequenzen für die Schreibdidaktik
	4. Zusammenfassung

3.3.6 Auswahlübung: Formulierungen zur Textkommentierung

Aufgabe: Die folgenden Formulierungsvorschläge stammen zum größten Teil aus studentischen Produktionen. Mindestens eine der Lösungen ist jedes Mal richtig. Kreuzen Sie die richtigen Formulierungen an.

1. Die Arbeit soll   o   folgende Frage behandeln: …
   o   unter folgender Fragestellung behandelt werden: …
   o   von folgender Frage handeln: …

2. Wenn man die   o   nachkommenden Statistiken betrachtet
   o   nachfolgenden Statistiken betrachtet
   o   im Folgenden vorgestellten Statistiken betrachtet

3. X wird von F   o   folgendermaßen festgelegt: …
   o   mit folgenden Maßen festgelegt: …
   o   wie folgt festgelegt: …

4. o   Im Folgenden stelle ich 3 Beispiele vor
   o   Es folgen nun 3 Beispiele
   o   3 Beispiele sind wie folgt

5. Ich führe dazu 3 Beispiele   o   an
   o   auf
   o   mit

6. Zum Abschluss möchte ich eine Zusammenfassung   o   geben
   o   darstellen
   o   wiedergeben

7. o   Abschließend gehe ich auf das Problem X ein
   o   Zu guter Letzt
   o   Letztendlich

3.3.7 Übung: Studentische Produktionen beurteilen / verbessern

Aufgabe: Prüfen Sie die folgenden Zitate aus Hausarbeiten und verbessern Sie sie.

---

1. Die Frage, „die uns hingehend der folgenden Analyse begleiten sollte, ist die nach den individuellen psychologischen Faktoren, die ...“

2. „Ziel dieser theoretischen Untersuchung ist es herauszufinden, wann die Förderung der Sprachkompetenz von Migranten als gesetzliche Regelung und die damit eng verbundene Idee der Integrationskurse zustande kam und inwieweit sie umgesetzt werden kann. Das Ergebnis ist, dass die Kurse gemäß dem Zuwanderungsgesetz von 2005 in Form eines Sprachunterrichts und eines anschließenden Orientierungskurses stattfinden. Die pädagogische Förderung besteht aus ...“

3. „Im Folgenden soll vorerst dargestellt werden, in welcher Weise Überlieferungen in primär oralen Gesellschaften stattfinden, um anschließend ...“

4. „Wie bereits im Vorigen geschildert, ...“

5. Mit der Untersuchung von X verfolge ich das Ziel, ... abzugrenzen und ... festzustellen. Dazu beschäftige ich mich mit den folgenden Aufgaben: Zu Beginn werde ich ... Der Hauptteil befasst sich ...

6. „Zum Abschluss wird eine Zusammenfassung von dem Gesagten gemacht und Schlussfolgerungen werden gezogen.“

7. Um die Präposition *zu* von den anderen semantisch zu unterscheiden, „lege ich eine Tabelle bei, die von F zusammengestellt wurde.“

8. „So versuche ich in meiner Arbeit die Antwort auf diese und noch mehrere weitere Fragen zu finden. Auch möchte ich gern X betrachten, ...“

9. „Wie Sie sehen können, ist diese Methode für die Praxis kaum brauchbar.“

10. „Diese Abhandlung befasst sich nachstehend mit dem Wesen der deutschen und kyrillischen Schrift.“

11. „In dieser Arbeit möchte ich der Frage nachgehen, ... Der Ausgangspunkt (2) untersucht die Funktionen“ von X.

4 Frage, Problem und Verwandtes

Fragen sind ein „Motor" der Wissenschaft, ebenso Probleme. Die Entdeckung und Formulierung einer Frage oder eines Problems ist meist der Anfang wissenschaftlicher Tätigkeit. Eine wesentliche Frage kann als Leitfrage bezeichnet werden.

Wenn der Titel einer wissenschaftlichen Arbeit als Frage formuliert ist, wird daran oft schon deutlich, dass in der Arbeit ein Problem oder eine Kontroverse behandelt wird. So lautet ein Titel aus dem Jahr 1981, in dem die Rolle von CO_2 noch sehr umstritten war:

B1   Klimaänderung als Folge der CO_2-Zunahme?

Der Ausdruck „Fragestellung" erscheint oft als gleichbedeutend mit „Frage", aber nach Auskunft von Wörterbüchern handelt es sich um „die Art, wie man eine Frage stellt". Dasselbe gilt für den Ausdruck „Problemstellung": Es handelt sich um die Art, wie ein Problem gestellt wird, z.T. wird das Wort aber auch im Sinne von „Problem" benutzt.

Im Vergleich zu einem Problem ist eine Problematik umfangreicher, abstrakter, schwerer überschaubar. Sie kann mehrere Probleme beinhalten oder mehrere „Ebenen" haben.

Ein wichtiger Unterschied im Gebrauch ist, dass „Problemstellung" und „Problematik" abstrakte Substantive (normalerweise ohne Plural) sind, „Probleme" können dagegen vermehrt und gezählt werden.

Verwendungsbeispiele

B2   Dafür „steht mit der von Joshua Fishman ausgearbeiteten Frage *Wer spricht wann zu wem in welcher Sprache?* ein praktikabler Ansatz zur Verfügung."

(aus: Schiewe 1996, S. 186)

B3   „Eine generelle Frage bei der Untersuchung der Wortarten ist die nach einem angemessenen Grammatikmodell."

(aus einer studentischen Hausarbeit)

4.1 Lexikalische Übung: Wortfamilien ergänzen

Aufgabe: Tragen Sie in der Tabelle unten die fehlenden Substantive, Verben oder
Adjektive aus der Wortfamilie *Frage / Problem* ein.

Substantive	Verben	Adjektive
die Frage	_____	_____lich
		_____ würdig
die Befragung	_____	_____ bar
die Fragestellung		
die Infragestellung	_____	
die Hinterfragung	_____	_____ bar
das Problem		_____ isch
die Problematik	_____	
die Problemstellung		

4.2 Fügungen und Verwendungsbeispiele

Fügungen

- **Erfolgreicher Umgang mit Fragen / Problemen**

F beantwortet die Frage / klärt die Frage / entscheidet eine Frage
F löst das Problem
F bearbeitet das Problem / die Problemstellung erfolgreich

- **auf eine Frage / ein Problem aufmerksam werden oder machen**

F wirft eine Frage / ein Problem auf
F greift eine Frage / ein Problem auf
F kommt auf eine Frage zu sprechen
F entwickelt eine Fragestellung
eine Problematik zeichnet sich ab
aus D entsteht / ergibt sich eine Frage
es erhebt sich die Frage nach D / es stellt sich die Frage nach D
hier stellt sich die Frage, ob... / inwiefern ... / inwieweit ... / warum ...
die Frage nach D drängt sich auf / tritt auf / ist naheliegend

- **einer Frage nachgehen / einem Problem nachgehen**

F untersucht eine Frage / behandelt eine Frage / erörtert eine Frage
F diskutiert eine Frage / geht einer Frage nach / legt (sich) eine Frage vor
F widmet sich einer Frage / verfolgt eine Frage
F befasst sich mit einer Frage / setzt sich mit einer Frage auseinander
F geht auf eine Frage ein / F kommt auf eine Frage zurück
F denkt über eine Frage nach / reflektiert über eine Frage
F setzt sich mit der Frage X auseinander
eine Frage(stellung) steht für F / bei F im Vordergrund
F analysiert die Frage / das Problem
die Frage bezieht sich auf A
eher nebenbei: eine Frage berühren, anschneiden, erwähnen

- **mit positiver Bewertung der Frage**

eine Frage spielt eine wichtige Rolle bei / in / für
die Beantwortung einer Frage ist unerlässlich für

eine Frage ist
$\left\{\begin{array}{l}\text{wichtig}\\\text{zentral / wesentlich}\\\text{entscheidend}\end{array}\right.$

- **kritischer Einsatz von Fragen**

F stellt A in Frage (infrage)
T wird auf A hin befragt
F hinterfragt A
die Gültigkeit der Ergebnisse ist fraglich / fragwürdig / steht in Frage

- **Frage oder Problem als Herausforderung**

F stellt sich einer Frage / verschließt sich einer Frage
F umgeht eine Frage / ignoriert eine Frage
F vernachlässigt eine Frage / übergeht eine Frage
F schenkt einer Frage keine Beachtung
eine Frage bleibt bestehen / offen
eine Problematik wird verschärft durch A

Verwendungsbeispiele

B1 „Hier sind durch die Arbeiten insbesondere von Galtung und Clyne in den
vergangenen Jahren wichtige Anregungen und Fragestellungen entwickelt
worden."

(aus: Ehlich 1993, S. 31)

B2 „Hier zeichnet sich eine Problematik ab, die didaktisch von erheblicher
Tragweite ist."

(aus: Ehlich 1993, S. 18)

4.2.1   Einsetzübung: Fragen stellen und Probleme lösen

Aufgabe: Der nachfolgende Text ist nach einem Zeitungsartikel konstruiert. Füllen Sie die Lücken aus, indem Sie möglichst oft Ausdrücke der Wortfamilien „*Frage*" und „*Problem*" einsetzen oder Bestandteile von Fügungen ergänzen, manchmal nur eine Endung.

Mitte der 90er Jahre wurde in Europa vielfach die Frage

(1) _____ / _____ , ob die Europäische Union

sich zu den "Vereinigten Staaten von Europa" weiterentwickeln kann.

Während die Bürger der europäischen Staaten dieser Frage kaum

Beachtung (2) _____, _____ sich die Politiker

natürlich intensiv damit. Bei ihnen gab es sehr unterschiedliche Auf-

fassungen. Auch der deutsche Bundeskanzler äußerte sich (3) _____

diese__ Frage. Bei einer Veranstaltung der Wirtschaft (4) _____ er

darauf zu sprechen. Für die meisten Teilnehmer stand das Verhältnis

zwischen Deutschland und Europa im (5) _____ /

_____ . Die Anwesenden (6) _____ in

der Diskussion mit Engagement auf das Thema ein. Manche

(7) _____ / _____ die Frage bis hin zu

praktischen Konsequenzen. Eine aktuelle Frage (8) _____

sich darauf, wie eine gemeinsame europäische Verfassung aussehen

könnte. Nur (9) _____ / _____ wurde

die Frage, welche Regierung "Vorreiter" sein sollte. Nicht

(10) _____ wurde die Frage, ob die Vereinigten Staaten

von Amerika mit dieser Entwicklung einverstanden wären. Auch blieb die

Frage (11) _____ / _____, ob oder wie (12)

_____ die einzelnen Länder in Europa auf ihre Selbststän-

digkeit verzichten. Auch der Bundeskanzler sagte nichts dazu, er

(13) _____ / _____ das Problem. Die

(14) _____ darauf wäre allerdings (15) _____ /

_____ für eine europäische Entwicklung. Verschiedene

Regierungen haben betont, eine vollständige Vereinigung käme für sie

nicht (16) _____. Viele Bürger Europas sehen das wohl

auch so.

4.2.2 Übung: Studentische Produktionen beurteilen / verbessern

Aufgabe: Verbessern Sie die Formulierungsversuche.

1. „Es ist also ein Problemfeld und braucht eine Lösung."
2. „... Probleme, die das Forschen erschweren und als Hindernisse zum Her-
   ausfinden der Wahrheit dienen"
3. „Soviel zur Ausgangslage der Fragestellung."
4. „Legastheniker verfügen über Probleme beim Lesen und Schreiben, die sie
   einschränken".
5. „Die Fragestellung, wie weit X und Y sich gleichen, hat bei F großes Interesse erweckt."

5 Beziehungen und Verweise im Text

5.1 Zeigwörter und Bezugswörter: Einführung

Im Deutschen werden zahlreiche sprachliche Mittel aus den grammatischen Bereichen Artikel und Pronomen vielfältig für einen ökonomischen und gut strukturierten Textaufbau genutzt. Da die Bezeichnung Pronomen in verschiedener Hinsicht irreführend ist, verwenden wir hier eine stärker funktionsbezogene Einteilung in Zeigwörter und Bezugswörter.

Zeigwörter

Zeigwörter oder Verweiswörter sind eine kleine, aber sehr häufig gebrauchte Gruppe von Wörtern, mit denen ein Sprecher einen direkten *Verweis* auf etwas machen kann. Die Hörer folgen dabei der Orientierung durch den Sprecher. Mündlich kann der Sprecher auf sich selbst oder etwas in der Situation verweisen. Dieselben Wörter können auf Textelemente oder Redeteile verweisen, der Leser oder Hörer muss wissen, wie sie grundsätzlich „funktionieren". Der Typ des einzelnen Zeigworts gibt schon einen ersten Hinweis, wie es gemeint ist: Personenzeigwort, Objektzeigwort, lokales oder temporales Zeigwort oder andere. Beispiele für vier Typen:

ich, du	Personale Zeigwörter verweisen auf den Sprecher oder den Angesprochenen (Hörer); im Text wird daraus das Autoren-Ich.
hier, da, dort	Lokale Zeigwörter verweisen auf einen vom Sprecher gemeinten Ort oder Raum, entweder in der Sprechsituation oder aber im Textwissen des Lesers.
jetzt, heute, morgen etc.	Temporale Zeigwörter verweisen auf einen mit der Sprechzeit (Schreibphase) zusammenhängenden Zeitraum.
dieser, diese, dieses der, die, das	Objektzeigwörter können auf Personen oder Dinge in der Situation verweisen; im Text werden sie rückverweisend eingesetzt, die Verweise gehen also auf bestimmte sprachliche Elemente im Text.

Grundsätzlich: Zeigwörter steuern und lenken die Aufmerksamkeit auf ein Wissenselement, das bis dahin noch nicht im Fokus (Begriff aus der Optik) der Aufmerksamkeit war.

Die lokalen Zeigwörter *hier* und *da* werden auch mit vielen Präpositionen zusammengesetzt und benutzt, um gleichzeitig zu fokussieren und bestimmte Beziehungen (Relationen) deutlich zu machen. Wir nennen sie **Relationszeigwörter**:

dabei, damit, dafür, davon ....
hierbei, hiermit, hierfür, hiervon ...

Bezugswörter

Eine noch deutlich kleinere Gruppe von Wörtern sind die Bezugswörter. Auch sie stellen Beziehungen in der Rede und im Text her. Das sind die Pronomen *er/sie/es*, die für Rückbezüge benutzt werden. Sie verändern aber nicht die Aufmerksamkeitsrichtung des Lesers, denn sie bilden keinen (neuen) Fokus. Sie können nur für ein vom Hörer / Leser schon wahrgenommenes ‚Thema' benutzt werden. Oft wird dieses Thema durch ein Nomen oder eine Nominalgruppe genannt: *der Text – er*. Der Schreiber vermeidet durch das Pronomen eine Wiederholung und erreicht, dass das Thema im Bewusstsein des Hörers (Lesers) bleibt.

Das folgende kurze Textbeispiel soll verdeutlichen, wie Zeigwörter und Bezugswörter die thematische Orientierung des Lesers beeinflussen.

Textbeispiel: Ist Deutsch noch zu retten?	Erläuterung
(1) Die Eliten in Deutschland sprechen Englisch,	(1) Ein Sachverhalt wird hier angesprochen.
(2) ... und für Wirtschaft, Wissenschaft und Politik ist *das* ein Gewinn.	(2) Mit dem Zeigwort *das* wird der gesamte Sachverhalt von Satz 1 als Subjekt in den Fokus der Aufmerksamkeit gebracht.
(3) Für Menschen aber, die Sprache als Mittel der Erkenntnis einsetzen, ist *es* ein Verlust.	(3) Das rückbezügliche Bezugswort *es* meint denselben Sachverhalt, fokussiert ihn aber nicht neu: Weiterführung des Themas mit *es*
(4) *Sie* verlieren ihre Sprachheimat.	(4) Das Bezugswort *sie* stellt einen Rückbezug auf das Nomen „Menschen" in Satz 3 her.
(5) Werden sich unser Denken und unsere Wahrnehmung der Welt *dadurch* verändern? (aus: Ist Deutsch noch zu retten? „DIE ZEIT", 01.07.2010)	(5) Das Relationszeigwort *dadurch* ist wieder eine Anadeixis. Es kann sich nicht auf Personen beziehen, mit ihm werden auch abstraktere Zusammenhänge hergestellt. Der Leser muss sich

	hier entscheiden, welcher Zusammenhang gemeint ist: a) benachbarter Fokus: der Verlust der „Sprachheimat" aus dem letzten Satz, b) weiträumiger Fokus: der Sachverhalt von Satz 1 mit seinen bisher angesprochenen Wirkungen, also der ganze bisherige Text.

5.1.1 Erläuterungen zu den Bezugswörtern

Die Pronomen *er/sie/es* werden in den Grammatiken als Personalpronomina bezeichnet. Sie können sich auch auf vorher genannte Personen beziehen, aber das ist eher ein Spezialfall. Zu den Bezugswörtern gehören auch die entsprechenden Possessivwörter, also *sein* und *ihr*.

Das Bezugswort *es* ist in seiner Form unveränderlich, anders als *er* und *sie*. Es kann im Nominativ oder Akkusativ, also als Subjekt oder Objekt im Satz auftreten. Als Bezugswort stellt *es* immer eine Beziehung im Text her, meist einen Rückbezug. Es kann aber auch ohne einen Rückbezug eine grammatische Stelle im Satz besetzen, wie bei *Es gibt Regen.* oder *Es besteht Grund zur Hoffnung ...* In bestimmten Fällen kann dieses bedeutungsschwache grammatische Element dann wegfallen.

Übersicht über die Funktionen der Bezugswörter

• **Funktion 1: Bezugswort mit Rückbezug (in Rede oder Text)**

Eine vorher im Text genannte Nominalgruppe wird mit *er/sie/es* als Thema weitergeführt:

B1   „Der Begriff „Macht" gehört zum kategorialen Grundbestand unseres Verständigungssystems; daher ist es auch nicht verwunderlich, daß er einen philosophischen Problemfall darstellt."

(aus: Korpus Graefen, Fach Soziologie)

• **Funktion 2: *es* als Verbbegleiter**

Bei Verben des Typs *es gibt* ist das grammatische „es" als Subjekt fest mit dem Verb verbunden, also nicht weglassbar. Das *es*-Subjekt ist häufig, seltener kommt ein *es*-Objekt vor. Beispiele:

B2   Es regnet. (Subjekt)
      Jemand hat es auf eine Person abgesehen. (Objekt)

● **Funktion 3:** *es* **als Bezugswort mit Vorausbezug**

Es nimmt die (grammatische) Subjektstelle ein, vor dem eigentlichen (inhaltlichen) Subjekt, das später genannt wird. Das heißt, die wichtige Information steht im hinteren Mittelfeld des Satzes. Das passiert besonders, wenn ein Nebensatz oder ein Infinitivsatz Subjekt ist, wie in den folgenden Beispielen:

B3   a) Es ist das Ziel jedes Unternehmens, seine Gewinne möglichst zu erhöhen und abzusichern.

      b) Es besteht kein Grund, den Informationen zu misstrauen.

      c) Es ist gut, dass wir uns einig sind.

Dieses vorangestellte Subjekt-*es* ist nicht immer unbedingt erforderlich. Wenn der Satz umgestellt wird, fällt es oft weg. Bei Umstellung sehen die Beispiele von oben so aus:

B4   a) Das Ziel jedes Unternehmens ist (es), seine Gewinne zu erhöhen.

      b) Den Informationen zu misstrauen besteht kein Grund.

      c) Dass wir uns einig sind, ist gut.

5.1.2   Erläuterungen zum Gebrauch der Zeigwörter

● **Zeigwörter vor Relativsätzen**

Nach den Zeigwörtern *der* und *derjenige* folgt oft ein erklärender Relativsatz, d.h. die Zeigwörter sind vorausverweisend:

B5   a) Die Tagung in London ist die, die von den meisten Vertretern des Fachs in Europa besucht wird.

      b) Ein solches Arbeitsblatt ist genau das, was wir jetzt brauchen.

      c) Ich bin derjenige, der Sie heute morgen angerufen hat.

Das Zeigwort *dies / dieses* kann nicht vorausverweisend sein, nur rückverweisend. (B6) ist ein Fehlerbeispiel aus einer studentischen Hausarbeit. Das Zeigwort *diese* müsste hier durch den Artikel *die* ersetzt werden:

B6   „Es werden nur *diese* Dinge überliefert, die für momentane Erfordernisse wichtig sind."

● **Relationszeigwörter mit grammatischen Aufgaben**

Nebensätze werden mit Relationszeigwörtern angeschlossen, wenn das Vollverb im Hauptsatz eine Präpositionsergänzung braucht (z.B. kann der NS Objekt zum Verb des HS sein).

In Beispiel B7 a) ist die Fügung: *N besteht in etwas / darin, dass ...*

In Beispiel B7 b) ist die Fügung: *N ist gekennzeichnet durch etwas / dadurch, dass ...*

B7   a) Die Kritik besteht vor allem *darin*, dass die Literatur veraltet ist.

      b) Die statistische Praxis ist *dadurch* gekennzeichnet, dass man sich zur Prognose einer Variablen für einen bestimmten Ansatz entscheiden muss.

● **Eigenschaften und Aspekte: die Zeigwörter *so* und *solche***

Zwei weitere Zeigwörter spielen eine Rolle in wissenschaftlichen Texten: *solcher* ist das Adjektiv zu *so*. Beide Wörter werden benutzt, um auf Eigenschaften oder bestimmte Aspekte zu verweisen, die vorher schon genannt worden sind oder die gleich danach (z.b. im Nebensatz) genannt werden. Beispiele:

B8   a) Die Tagung war so schlecht angekündigt worden, dass sich kaum jemand anmeldete.
       b) Die Tagung war schlecht angekündigt. So war es nicht erstaunlich, dass sich kaum jemand anmeldete.

Wie die anderen Zeigwörter können *so* und *solch-* Wiederholungen vermeiden, einen neuen Fokus bilden und Informationen miteinander verbinden. Das gilt auch für einige mit *so* zusammengesetzte Wörter wie:

somit, sogenannt, insoweit, sofern, insofern, sozusagen

Im nachfolgenden Verwendungsbeispiel wird mit dem Zeigwort *somit* eine Beziehung zum vorangehenden Satz hergestellt, die die kausale Verbindung unterstützt:

B9   Mit anderen Worten, die Hypothese stellt einen Rahmen dar, der für die gesamte Argumentation Gültigkeit beansprucht. Da die Hypothese sich *somit* auf den ganzen Text bezieht, in dem die Argumentation stattfindet, kann man sie hier als Textrahmen bezeichnen.

(aus: Paek 1993, S. 40)

● **Vorausverweis mit *folgend-***

Der Autor eines wissenschaftlichen Textes verwendet zur Textkommentierung (siehe Kap. 3) sehr häufig das Zeigwort *folgend-*, wenn er auf den direkt nachfolgenden Text verweisen will. Es kann in verschiedenen Formen, als Adjektiv oder Substantiv, auftreten:

B10   a) Das folgende Kapitel geht auf X ein.
       b) Im Folgenden wird das Problem X genauer dargestellt.

Sehr oft wird auch eine Liste (Aufzählung) durch dieses Zeigwort eingeleitet.

B11   Im Einzelnen handelt es sich um *folgende* Aufgaben:
       1. ...
       2. ...
       3. ...

● ***denn* als Zeigwort in der Rückschau**

Das Beispiel (B12) mit dem Zeigwort *denn* stammt von dem Sozialwissenschaftler Jürgen Habermas (1985, S. 202):

B12   „So ist denn das soziale Handeln eine Resultante aus beidem: aus reaktiven Zwängen und sinnvollen Interaktionen ..."

Erläuterung: *denn* ist hier keine Konjunktion, der Satz ist also auch keine Begründung. Der Ausdruck fokussiert zurück auf eine längere Passage im vorheri-

gen Text, in der die fraglichen Zwänge und Interaktionen schon beschrieben
wurden. Diese Variante von *denn* kommt also in einer Zusammenfassung oder
Rückschau vor.

● **Personalzeigwörter: Sprecher / Autor und Hörer / Leser**
Über die Verwendung von *ich* im Vortrag oder im Text, als Autorenzeigwort,
auch von *wir* (mit verschiedenen Bedeutungen) wird im Kapitel 7 Genaueres
gesagt, wo es um den wissenschaftlichen Stil geht. Auch die Frage, ob, wann
und wie der Hörer oder der Leser angesprochen werden, wird dort behandelt.

5.1.3 Übung zur Textanalyse: Zeig- und Bezugswörter in einem sozialwissenschaftlichen Artikel

Aufgabe: Lesen Sie den Textauszug aus der Einleitung eines Forschungsberichts
und achten Sie auf die markierten Ausdrücke: Bezugswörter (fett gedruckt), Zeigwörter und Relationszeigwörter (kursiv). Diskutieren Sie die
Funktionen und Bedeutungen im Text.

Interkulturelle Studien sind systematisch vergleichende statistische Untersuchungen. **Ihr** Ziel ist die Überprüfung theoretischer Aussagen über variable
kulturelle Phänomene nach anerkannten logischen und statistischen Regeln.
Ihre Untersuchungsobjekte sind vorwiegend nicht-industrialisierte Gesellschaften aus mehreren Kontinenten. **Sie** sind *hier* von den systematischen Vergleichen moderner, geschichtsschreibender Nationen, den sog. „holonationalen"
Studien" und den systematischen Vergleichen nur einer Handvoll Kulturen
einer Region, den *so* genannten „controlled comparisons", zu unterscheiden
(s.a. Wirsing 1975: 101ff.).

Eine Besonderheit *dieser* Studien ist, daß **sie** auf die Feldforschung angewiesen
sind, ein ethnologisches Verfahren, dessen Vorgehen und Zielsetzung sich sehr
von *denen* des interkulturellen Vergleichs unterscheiden. Die Feldforschung
findet nur in einer zu untersuchenden Kultur statt und fokussiert *dabei* auf eine
überschaubare Gemeinde; der interkulturelle Vergleich wird in der Bibliothek,
im Büro und am Computer durchgeführt und befaßt sich mit mindestens 20
oder mehr Untersuchungseinheiten. [...] Die Feldforschung betont oft die Ganz-
heit, individuelle Eigenart und letztendlich die Unvergleichbarkeit der untersuchten Kultur; der interkulturelle Vergleich geht von dem Vorhandensein ge-
meinsamer kultureller Dimensionen aus, deren Ausprägungen sich messen und
mit *denen* anderer Kulturen vergleichen lassen. Das Ziel der Feldforschung ist
es, die Funktionsweise der untersuchten Kultur – oft unter Einbeziehung der
Sichtweise und kognitiver Struktur der Menschen aus der untersuchten Gruppe
– zu beschreiben und zu verstehen. Das Ziel des interkulturellen Vergleichs ist
es hingegen, kulturübergreifende Generalisierungen in der Wissenschaftssprache der Ethnologie zu formulieren und zu überprüfen.

Obwohl die Ethnologen im Verlauf der Geschichte der Disziplin das Ziel der
Theorieentwicklung und Überprüfung nie ganz aus den Augen verloren, haben
sie bis *heute* nur eine vergleichsweise geringe Anzahl interkultureller Studien

durchgeführt. Interkulturelle Studien sind *uns* zwar seit den Gründerjahren der Ethnologie bekannt, haben aber bis *heute* nie eine dominierende Rolle eingenommen. Die erste interkulturelle Studie wurde von Sir Edward Tylor durchgeführt, der während einer Tagung des Royal Anthropological Institute in London im Jahre 1888 bivariate Korrelationen, oder Adhäsionen, wie **er sie** nannte, zwischen bestimmten ausgewählten Merkmalen der **ihm** bekannten Kulturen vorstellte. Von *diesen* Korrelationen schloß **er** auf Gesetzmäßigkeiten, denen **er** den Anspruch weltweiter Gültigkeit beimaß. In den *darauf* folgenden 87 Jahren, d.h. bis zum Jahre 1975, wurden nur 278 *solcher* Studien (Schaefer 1977: 74) erstellt, 226 *davon* allein im Zeitraum zwischen 1949 und 1972. Nach 1972 scheint die Anzahl der veröffentlichten Studien *dieser* Art pro Jahr eher zu stagnieren oder sogar zurückzugehen. *Dies* belegt auch die von Levinson und O'Leary (1982) erstellte Bibliographie von 73 weiteren Studien (...) In der deutschsprachigen Literatur sind *mir* nur sehr wenige Studien *dieser* Art bekannt.

(aus: Korpus Graefen, Fach Ethnologie)

Erläuterungen zu einigen Zeigwörtern im Text:

Eine typische Abfolge von Zeigwort und Bezugswort beinhaltet der Satz:

B13   Eine Besonderheit *dieser* Studien ist, daß **sie** auf die Feldforschung angewiesen sind, ein ethnologisches Verfahren, dessen Vorgehen und Zielsetzung sich sehr von *denen* des interkulturellen Vergleichs unterscheiden.

Zunächst wird das Nomen *die Studien* in den Vordergrund gestellt (mit *diese* refokussiert), dann mit *sie* als Thema weitergeführt, danach wird mit *denen* ein neuer Fokus gesetzt, und zwar auf einen bestimmten Teil der Studien.

Im Text kommt häufig das Zeigwort *dieser* in verschiedenen Formen vor, im Neutrum wird sowohl *dieses* als auch *dies* verwendet. Die Kurzform *dies* ist nicht gleichbedeutend mit *dieses*, sondern sie wird zusammenfassend für ganze Aussagen oder mehrere zusammenhängende Aussagen verwendet, zum Beispiel am Textende:

B14   Nach 1972 scheint die Anzahl der veröffentlichten Studien dieser Art pro Jahr eher zu stagnieren oder sogar zurückzugehen. Dies belegt auch die ... Bibliographie ...

5.1.4 Das Problem der Uneindeutigkeit von Zeigwörtern

Die nachfolgende Textstelle aus der Arbeit einer deutschen Studentin soll zeigen, dass Verweise mit Zeigwörtern unklar sein können. Der Leser muss dann entscheiden, welcher Verweis grammatisch und der Bedeutung nach am besten passt.

B15   „Zu dem Begriff der Fachsprache gibt es unzählige Auffassungen und aus diesem Grund keine allgemeingültige klare Definition. Das Hauptaugenmerk liegt meistens auf *deren* Lexik ..."

Wie ist „deren Lexik" zu verstehen? Beim Suchen und Erschließen des gemeinten Verweisobjekts hilft:

1. *deren* kann Femininum Singular oder Plural sein. Also könnten die Nomen *Fachsprache, Auffassungen* und *Definition* gemeint sein.
2. Welches Nomen passt zu *Lexik? Fachsprache* passt inhaltlich, die beiden anderen nicht gut.

5.1.5 Artikel und Zeigwörter im Textaufbau

Die Feinstruktur eines deutschen Textes zeigt sich besonders an den nominalen Wortgruppen und hier besonders an den beteiligten Artikeln und Zeigwörtern. Mit diesen sprachlichen Elementen steuert der Autor die Wissensverarbeitung des Lesers.

Vom deutschen Artikelsystem her steht zur Verfügung: der Definitartikel (*der / die / das*), der Indefinitartikel (*ein / eine*) und die indefinite Wortgruppe ohne Artikel (zum Beispiel der Buchtitel „Denken und Sprechen" (s.u.)). Der Definitartikel zeigt, dass die Wortgruppe gemeinsames Wissen von Autor und Leser benennt. Dem Leser wird das Gemeinte manchmal erst durch ein Genitivattribut (etwa: die Erforschung des Denkens) oder durch den nachfolgenden Relativsatz deutlich. Indefinitheit (mit *ein* oder „Nullartikel") zeigt häufig, dass die so eingeleitete Wortgruppe ein für den Leser neues Wissenselement in den Text einführt.

Generell muss ein aufmerksamer Leser sowohl sein Allgemeinwissen wie sein Fachwissen und sein konkretes (aktuelles) Textwissen benutzen, um dem Gedankengang des Autors zu folgen. Dieser wendet sich an ein wissenschaftlich gebildetes Publikum. In Bezug auf das vorausgesetzte Allgemeinwissen sind manchmal Definitartikel oder Indefinitartikel gleich gut (sogenannte generische Verwendung, siehe B16 und B18).

Eine Fokussierung mit Zeigwort ist sozusagen stärker als Determination, besser gesagt: Determination ist bei Verwendung von *dieser* eingeschlossen. Zeigwörter können bei gegliederten Texten nur innerhalb von abgegrenzten Textpassagen angewendet werden. Direkte Verweise mit *dies* auf andere Kapitel oder auf Überschriften sind nicht üblich.

Das folgende Textbeispiel stammt aus dem Werk „Denken und Sprechen" von L. S. Vygotskij (6. Kapitel).

Textbeispiel	Erklärungen zu den Funktionen
Untersuchung der Entwicklung wissenschaftlicher Begriffe im Kindesalter I.	

Die (1) Frage nach der Entwicklung wissenschaftlicher Begriffe im Schulalter ist vor allem eine (2) praktische Frage von sehr großer, vielleicht sogar erstrangiger Bedeutung, hinsichtlich der (3) Aufgaben, die die (4) Schule im Zusammenhang mit der Vermittlung eines (5) Systems wissenschaftlicher Kenntnisse zu erfüllen hat. Was wir (6) zu dieser (7) Frage wissen, überrascht jedoch durch seine Dürftigkeit. Nicht geringer ist auch die (8) theoretische Bedeutung dieser (9) Frage, da die (10) Untersuchung der Entwicklung (11) wissenschaftlicher, d.h. echter, unzweifelhafter, wahrer Begriffe die (12) grundlegenden Gesetzmäßigkeiten des Prozesses der Begriffsbildung offenbaren muss. In dieser (13) Hinsicht ist es erstaunlich, dass dieses Problem, in dem der (14) Schlüssel zu der gesamten Geschichte der geistigen Entwicklung des Kindes enthalten ist und bei dem die Erforschung des kindlichen Denkens beginnen müsste, bis heute fast vollständig unbearbeitet geblieben ist, so dass die (15) experimentelle Untersuchung, auf die wir uns (16) in diesem Kapitel wiederholt beziehen werden und als dessen Einleitung diese (17) Zeilen dienen, nahezu den ersten Versuch einer systematischen Untersuchung dieser Frage darstellt."

(1) Die gemeinte Frage ist dem Leser zwar nicht direkt bekannt, aber das Thema (Entwicklung …) wurde in der Kapitelüberschrift genannt und ist auch vom Vorwissen her nicht neu, *Frage* ist also indirekt definit

(2) *eine*, weil die Charakterisierung als „praktische Frage" dem Leser unbekannt ist;

(3) *die*, weil „Aufgaben" durch den Relativsatz bestimmt wird;

(4) *die*, weil Schule als allgemein bekannte Institution gemeint ist;

(5) *ein*, weil ein zukünftiges System gemeint ist;

(6) *wir*: Gemeint ist die Gruppe der Forscher des eigenen Faches.

(7) *diese*-, weil die oben schon genannte Frage refokussiert wird;

(8) *die*, weil es allgemein bekannt ist, dass Fragen in verschiedener Hinsicht (z.B. theoretisch und praktisch) bedeutsam sein können;

(9) *die*: dieselbe Frage wie eben wird noch einmal refokussiert;

(10) *die*, weil das Untersuchen eine für jeden Wissenschaftler bekannte Arbeit ist;

(11) indefinit, weil es um zukünftige Begriffe geht, und ohne Artikelwort, weil hier ein Plural ohne Spezifizierung vorliegt;

(12) *die*, weil Gesetzmäßigkeiten indirekt durch „Prozess der Begriffsbildung" definit ist;

(13) *dieser*, weil *Hinsicht* direkt auf die letzte Aussage bezogen werden soll;

Anmerkung:	(14) indirekt definit, weil „geistige
Der Abschnitt wurde mit zwei gramma- tischen Korrekturen, aber ansonsten un- verändert, aus der Beltz-Taschenbuch- ausgabe übernommen (S. 251). Da es sich um eine Übersetzung aus dem Russischen handelt, könnte sich die Frage der Übersetzungsqualität stellen.	Entwicklung des Kindes" thematisch ist, deswegen auch deren „Geschichte" indirekt definit ist, dadurch auch der „Schlüssel" dazu; (15) „experimentelle Untersu- chung": definit durch den nach- folgenden Relativsatz; (16) *wir*: der Autor vermeidet das Autoren-Ich, er ordnet sich einer nicht genauer erklärten Sprechergruppe unter; (17) Situationsverweis: der Leser hat die gemeinten Zeilen vor sich.

Verwendung des Artikels in einer Aufzählung

Es ist nicht egal, ob man schreibt: „*die gesprochene und die geschriebene Spra-che*" oder: „*die gesprochene und geschriebene Sprache*". Wenn der Artikel vor „gesprochen" und „geschrieben" steht, wird deutlich, dass es um zwei verschie-dene Typen von Sprache geht. In einem Vergleich muss der Artikel also zwei-mal eingesetzt werden. Wenn das zweite Adjektiv ohne Artikel nur angehängt wird („gesprochen und geschrieben"), dann wird Sprache insgesamt, in ihren beiden Ausprägungen, betrachtet.

Beispiel für Gleichwertigkeit von definiter und indefiniter Wortgruppe

B16 „Das journalistische Interview ist eine auf Gleichberechtigung beider Seiten bedachte Interaktion – im Gegensatz zu einem kriminalistischen Interview (Vernehmung), einem diagnostischen oder einem psychotherapeutischen Interview, wo klare hierarchische Machtverhältnisse herrschen."

(aus einer studentischen Hausarbeit)

Erläuterung: Hier werden drei Interviewtypen verglichen, die entweder alle als bekannt (definit) behandelt werden können oder aber mit Indefinitartikel. Dann entsteht ein Bezug auf das einzelne Interview, das typisch für seine Art ist.

Beispiel für Indefinitheit ohne Indefinitartikel

B17 Bei der Untersuchung von Textkohärenz (innerer Zusammenhang in einem Text) unterscheidet man grammatische und thematische Kohärenz.

Erläuterung: Begriffe für abstrakte Sachverhalte wie *Textkohärenz* können im Normalfall nicht mit dem Indefinitartikel verwendet werden, da *ein* nur zu plu-ralfähigen Nomen passt.

Beispiel für eine hervorhebende Verwendung des Artikels

B18   „So wie es nicht *die* Wissenschaft gibt und gegeben hat, gab und gibt es
auch nicht *den* Wissenschaftsdiskurs."

(aus: Schiewe 2007, S. 32; Hervorhebungen im Original)

Erläuterung: Der Kursivdruck signalisiert Betonung, so kommt eine bestimmte
Lesart der Nominalgruppe zustande: Der Autor verwendet den bestimmten Artikel generalisierend oder generisch, in Unterscheidung von einer anderen mögli
chen Lesart (viele Arten von Wissenschaft und Wissenschaftsdiskurs).

5.2 Übungen zu Zeigwörtern, Bezugswörtern und Artikeln

5.2.1 Übung zur Textanalyse: „Digitale Kultur"

Aufgabe: Das Textbeispiel (aus einem Zeitungsartikel über „digitale Kultur") zeigt,
dass das genaue Verstehen der Zeigwörter recht schwierig sein kann. Die
textinternen Verweise sind fett gedruckt. Notieren Sie die jeweiligen Ver-
weisobjekte.

Aus die Maus

Die digitale Kultur ist schon lange ihren Anfängen in der Informatik entwach-
sen. Sie funktioniert wie alle Popkulturen nach einem hierarchischen System
der kulturellen Kompetenzen. Nun ist es **da** nicht so einfach wie in der Mode
oder der Musik, wo es schon ausreicht, die richtigen Schuhe zu tragen oder die
richtigen Platten zu hören, um solche Kompetenz zu beweisen. Die Geschichte
der digitalen Kultur war immer schon eine Evolution der Gesten. Früh markierten **diese** den Status, den man **darin** einnimmt.

(aus: „Süddeutsche Zeitung", 29.07.2010)

---

da: _____

diese: _____

darin: _____

5.2.2 Übung zur Textanalyse: „Die oder eine Debatte"

Aufgabe: Vergleichen Sie das Originalzitat aus einer Tageszeitung mit einer leicht
veränderten Variante (*die* statt *eine*). Wie ändert sich das Verständnis des
Satzes?

Originalzitat:
„Bei der Vorstellung seines ‚Wirtschaftsberichts 2001' nannte Wirt-
schaftsminister Müller eine offene Debatte über die Sanierung des
Gesundheitssystems unerlässlich."
Variante:
Bei der Vorstellung seines ‚Wirtschaftsberichts 2001' nannte Wirt-
schaftsminister Müller die offene Debatte über die Sanierung des
Gesundheitssystems unerlässlich.

5.2.3 Einsetzübung: „Das Eis der Pole – ein tiefgekühltes Archiv"

Aufgabe: Fügen Sie in den folgenden Text die fehlenden Zeigwörter (auch Relationszeigwörter) und Bezugswörter ein. An manchen Stellen gibt es mehrere Möglichkeiten.

Das auf den Eisschilden der Pole gebildete Eis fließt langsam in die Tiefe

und weiter zum Rand hin, wo (1) _____ abschmilzt oder als Eisberg

in den Ozean segelt. Im Gleichgewichtszustand, der heute ungefähr er-

reicht ist, halten sich Zutrag und Abtrag des Eises an den Polen die Waa-

ge. Die Fließbewegung bewirkt, dass die einzelnen Jahresschichten mit

zunehmender Tiefe und mit zunehmendem Alter immer stärker ausge-

dünnt werden. In den Zentren der Eiskappen, von wo das Eis zu den Sei-

ten hin abfließt, findet sich in der Tiefe das älteste Eis. (2) _____

einzigartige Klimaarchiv bietet Forschern die Möglichkeit, nicht nur

Temperaturwechsel der Vergangenheit, sondern auch (3) _____

einhergehende Veränderungen in der Konzentration der Treibhausgase

oder der atmosphärischen Staubbelastung zu bestimmen. (4) _____ /

_____ entsteht ein vergleichsweise vollständiges Bild vergangener

Klimazustände und Veränderungen im Erdsystem. Wie ist (5) _____ möglich, dass man an den polaren Eiskappen Grönlands und der Antarktis

vergangenes Klima ablesen kann wie in einem Buch? Das Eis ist aus dem

Schneefall von Hunderttausenden von Jahren unter anhaltend tiefen Tem-

peraturen durch Verdichtung und anschließende trockene Metamorphose

entstanden. (6) _____ bedeutet: Der Schnee, der auf die Eiskappen

fällt, wird durch die nachfolgenden Niederschläge zugedeckt und zu-

nehmend verdichtet, bis sich nach einiger Zeit durch fortschreitende

Verdichtung und Umkristallisation Eis bildet. Bei (7) _____ /

_____-Vorgang wird die Luft, die anfänglich den Raum zwischen

den einzelnen Schneekristallen füllt, mit eingeschlossen.

(8) _____ / _____ Vorgang ist es auch, der das Eis zum

Archiv macht. Wie lange (9) _____ / _____ dauert, ist abhängig

von der Niederschlagsmenge und von der Temperatur. In Grönland ist die

Metamorphose zu undurchlässigem Eis nach etwa 200 Jahren abgeschlos-

sen. In der kälteren und trockeneren Antarktis kann (10) _____

bis zu einigen tausend Jahren dauern. Das Ergebnis ist jedoch in beiden

Fällen das gleiche: Die eingeschlossenen Gasblasen enthalten die

Atmosphäre vergangener Zeiten. Die Analyse (11) _____ Blasen

liefert viele Erkenntnisse: (12) _____ gibt Aufschluss über die

veränderliche Konzentration der Treibhaus- und Spurengase.

(aus: Zeitreise ins Eis, 2003)

5.2.4 Übung: Fokussierung ja oder nein?

Aufgabe: Lesen Sie die nachfolgenden Textstellen aus Hausarbeiten und entscheiden Sie, ob ein Zeigwort nötig ist oder ob ein Bezugswort oder ein definiter Artikel ausreicht (die Alternativen sind kursiv gedruckt).

1. Die Forschung „wird zum größten Teil von den Medien regiert. Denn *diese / sie* sind es erst, die die Wissenschaft der Öffentlichkeit mitteilen und von *deren / ihrer* Meinung hängt letztlich das Bestehen der wissenschaftlichen Forschung ab."

2. „In *diesen / den* oben genannten Beispielen ..."

3. Die offiziellen Vermittlersprachen in der EU sind Englisch und Französisch. Damit bin ich also einverstanden, dass die europäischen Schüler in zwei Fremdsprachen ausgebildet werden müssen. *Das / es* ist also klar, dass wir auf Englisch nicht verzichten können.

4. „Briefe sind keine Gespräche. Sie zwingen zur Übersetzung aller Ausdrucksnuancen in Schriftlichkeit. *Sie / diese* ermöglicht dabei, daß viele Gedanken mit dem Formulieren erst klar werden."

5. „Ich will damit nicht sagen, dass der Lehrplan die Fremdwörter nicht berücksichtigt, aber *sie / diese* werden in den Lehrplaninhalten zu wenig behandelt."

6. „Wenn die Studenten deutsche Verwaltungstexte nicht verstehen können, ist *es / das* einfach zu erklären, weil Deutsch ihnen eine Fremdsprache ist."

5.2.5 Übung: Studentische Produktionen beurteilen / verbessern

Aufgabe 1: a) In dieser Textstelle einer Hausarbeit geht es um die Verwendung des Englischen in Korea. Prüfen Sie die markierten Zeigwörter, die die Verfasserin, eine koreanische Studentin, verwendet. Welche davon sind adäquat, welche passen nicht in einen wissenschaftlichen Text?

b) Schreiben Sie eine verbesserte Version des Textes.

Wir brauchen Englisch, um mit den Leuten auf der anderen Seite der Welt zu kommunizieren. Aber *jetzt* stellen manche Leute *diese* Frage: Wenn *wir* so oft Englisch benutzen, würden *wir unsere* eigene Sprache verlieren.
Vor etwa 5 Jahren, als Korea englischen Unterricht für die Achtjährigen an den Grundschulen eingeführt hat, kam *solche* Frage auf. *Damals* haben viele Schulen damit angefangen, den Schülern besseren koreanischen Unterricht anzubieten. *Heute* ist es selten zu hören, dass *wir* wegen der Verbreitung des Englischen *unsere* Sprache verlieren.

Aufgabe 2: Lesen Sie die nachfolgenden Textstellen mit Problemen im Bereich der Zeig- und Bezugswörter und verbessern Sie sie.

1. „Obwohl die Metapher ... nur als eine rhetorische Figur betrachtet wird, ... trifft man die Metapher in wissenschaftlichen Texten sehr häufig an. In dieser Hausarbeit soll die große Rolle dieser dargestellt werden."

2. „Im allgemeinen können an dieser Stelle keine Negationen stehen, mit Ausnahme von *sehr* und *besonders*. Es ist im folgenden Beispiel zu erkennen ..."

3. „In der Folge dieses Reformgedankens entstand es, was man ‚Naturmethode' oder ‚direkte Methode' nannte."

4. „Von der Antike bis zum ganzen Mittelalter hindurch herrschte in den Volksschulen und Universitäten der Verbalismus. Sie kannten nur das Auswendiglernen von Wörtern ..."

5. „Im Text von Helmut Henne (1978) „Gesprächswörter" gibt er einen Überblick über ..."

6. „Das Beispiel ist ein Satzgefüge, das aus Hauptsatz und Nebensatz besteht. Im Gegensatz zu ersterem kann der Relativsatz nicht alleine stehen und ist demzufolge auf jenen angewiesen."

7. „Den Terminus ‚Funktionsverben' hat Peter von Polenz (1963) erstmals in die deutsche Sprache eingeführt. Danach machten solche Linguisten wie Daniels, Schmidt, Heringer, Herrlitz, Persson, Dyhr auf die im Deutschen zunehmenden Verb+Substantiv-Verbindungen aufmerksam."

8. „In der Untersuchung von Tesnière entwickelt er folgende Kriterien: ...".

9. Dabei bezieht er [ein zuvor genannter Autor] sich auf das Zitat von Viëtor (1882), in dem er behauptet, dass das Übersetzen eine Kunst sei, der kein Platz im Fremdsprachenunterricht eingeräumt werden sollte."

Aufgabe 3: Warum ist die folgende Textstelle (aus dem Protokoll eines Schülers) schwer verständlich? Markieren Sie zuerst die Ausdrücke, die die Verständlichkeit beeinträchtigen. Schreiben Sie dann eine überarbeitete Fassung.

Aufrüstung muss man immer mit der Volkswirtschaft in Verbindung bringen, da diese meist dadurch angekurbelt wird. In einer Zentralverwaltungswirtschaft ist dies aber nicht möglich, trotzdem sie Rüstungsgüter an Drittländer verkauft.

5.2.6 Übung: Studentische Produktionen beurteilen / verbessern
Wo ist ein Artikel notwendig?

Aufgabe: Die folgenden Sätze zeigen studentische Probleme im Umgang mit Definitartikel und Indefinitartikel. Schreiben Sie eine verbesserte Fassung.

1. „Klammeröffnendes Element ist in seiner Form sehr variabel, ... Wie obengenanntes Beispiel hat klammeröffnendes Element relativ schwache Bedeutung. Klammerschließendes Element hingegen ...“

2. „... werden weitere Untersuchungen in diesem Bereich notwendig sein. Aufgeführte Ergebnisse legen außerdem nahe, weitere systematische Nachforschungen ... zu erhalten.“

3. „Diese Abhandlung befasst sich mit dem Wesen der deutschen und kyrillischen Schrift.“

4. „Namen Adam und Eva sind aus der Bibel bekannt.“

5. „Im vorigen Kapitel beschriebene Methoden wurden schon mehrfach angewendet.“

6. „Graphematik ist eine Wissenschaft, welche Schriftsysteme der natürlichen und konstruierten Sprache untersucht.“

7. Beim Übersetzen im Fremdsprachenunterricht „legt House (2001) einen Wert auf die Gruppenarbeit mit dem Ziel, das Übersetzen in einen kommunikativen Kontext einzubetten.“

5.2.7 Übung: Relationszeigwörter zuordnen

Aufgabe: Kombinieren Sie die Satzanfänge in der linken Spalte mit mindestens einer dazu passenden Fortsetzung, die Sie in der 3. Spalte notieren.

Satzanfang		Satzfortsetzung		Was passt?
1	Dazu	a	ist N zu erkennen.	1d
2	Dabei	b	ist im Allgemeinen N gemeint.	
3	Darunter	c	wird auf A verwiesen.	
4	Damit	d	zählen N und N.	
5	Dazu	e	ist vor allem N betroffen.	
6	Damit	f	ist besonders N zu berücksichtigen.	
7	Daran	g	gehören N und ähnliche Phänomene.	
8	Davon	h	versteht man vor allem A.	

6 Argumentieren, Argumentation

6.1 Was ist Argumentieren?

Ziel einer Argumentation ist es, anders Denkende in einer theoretischen oder praktischen Entscheidungsfrage zu überzeugen. Überzeugen geht nur über vernünftige, nachvollziehbare Argumente, auf der Basis des logischen Denkens. Häufige sprachliche Handlungen sind dabei das *Erklären* und *Begründen*.

In einer mündlichen Argumentation im Alltag ist es aber auch üblich, Wörter und „Strategien" einzusetzen, mit denen man Druck ausübt und den Hörer ein wenig in die gewünschte Richtung drängt. Dazu benutzen die Sprecher gern Wörter wie *doch, ja, natürlich, selbstverständlich*:

B1   Es ist *doch* so, dass ...
      Es ist *ja* klar, dass ...
      Natürlich ist X ein Problem, aber ...

Um ihre Meinung oder ihren Standpunkt zu verdeutlichen, benutzen sie gelegentlich auch emotionale (gefühlsbetonte) Ausdrücke wie im folgenden Beispiel:

B2   „Dass die Deutsche Bahn AG vom wirtschaftlichen Standpunkt her eine *Katastrophe* ist, wird niemand bestreiten." (Leserbrief an die „Süddeutsche Zeitung")

Meinungsäußerungen dieser Art werden nicht selten ohne Begründung vorgetragen und sollen im Rahmen der Meinungsfreiheit im privaten und politischen Leben akzeptiert werden. Aussagen, die der Hörer nicht glaubt und die der Sprecher nicht beweisen kann, sind *Behauptungen*. Um die Aussagen aufrechterhalten zu können, muss der Sprecher einen Beweis nachliefern.

6.2 Argumentieren in der Wissenschaft

In der europäischen Wissenschaft geht es um die Gewinnung neuer Erkenntnisse, die gesamtgesellschaftlich genutzt werden. Dafür arbeiten Forscher zusammen, immer wieder entsteht aber auch eine Konkurrenz zwischen ihnen. Neue Erkenntnisse verdrängen frühere Erkenntnisse, vorher wird darüber gestritten.

Ein Beispiel aus der Wissenschaftsgeschichte

Ludwig Boltzmann ist 1906 durch Selbstmord aus dem Leben geschieden. ... Boltzmann glaubte am Ende des 19. Jahrhunderts, ihm sei der Nachweis gelungen, dass die Zeit nur in eine Richtung verlaufen kann, nämlich vorwärts (3. Hauptsatz der Wärmelehre). Er versuchte das mit rein mathematischen Mitteln und aus unbestreitbaren Annahmen heraus, aber seine Arbeiten wurden heftig kritisiert. Er musste sich verteidigen, und in einer berühmten Erwiderung auf einen der vielen gegen seine Beweisführung erhobenen Einwände schrieb Boltzmann 1896, dass es „für das Weltall als Ganzes keine Unterscheidung zwischen

‚Rückwärts'- und ‚Vorwärts'-Richtungen der Zeit" gebe. Damit aber gab er seine
ursprünglich anvisierte objektive Beweisführung auf, und er flüchtete sich in
subjektive Annahmen. ... Der Physiker Arnold Sommerfeld hat berichtet, wie
Boltzmann sich auf einer Versammlung von Naturforschern im Jahre 1897 in
der Auseinandersetzung engagierte: „Der Kampf zwischen Boltzmann und Os-
wald glich, äußerlich und innerlich, dem Kampf des Stiers mit dem geschmei-
digen Fechter. Aber der Stier [Boltzmann] besiegte diesmal den Torero trotz
aller seiner Fechtkunst. Die Argumente Boltzmanns schlugen durch.

(Leicht veränderter Auszug aus: Fischer 2000, S. 274 ff.)

Wissenschaftler argumentieren nicht für Meinungen und persönliche Standpunkte, sondern für Einsichten, Erkenntnisse, Schlussfolgerungen, die allgemeine
Gültigkeit haben (sollen). In den Geistes- und Gesellschaftswissenschaften existieren allerdings oft mehrere unterschiedliche Theorien nebeneinander und werden deshalb auch als „Standpunkte" oder „Positionen" bezeichnet. Anders als in
den naturwissenschaftlichen Fächern ist es oft nicht möglich oder es gelingt
nicht, eine allgemein anerkannte Wahrheit oder Begriffsdefinition zu finden
(vgl. Kap. 2).

Aus der europäischen Wissenschaftstradition ist die Vorgehensweise überliefert,
sich in einem Text mit einer umstrittenen Frage zu beschäftigen, die lateinisch
als Quaestio bezeichnet wurde. Heute wird in einem solchen Text meist eine
Hypothese vorangestellt. Er dient dann dem Nachweis der Richtigkeit (vgl. Abschnitt 9.3.7).

Wie der Beispieltext oben andeutet, sind wissenschaftliche Auseinandersetzun-
gen nicht selten heftig. Damit eine neue Einsicht sich gegen die bisher anerkannte Theorie durchsetzen kann, wird oft intensiv gestritten. Metaphorisch wird
sogar manchmal von „Kampf" gesprochen. Stärker als im Alltag kommt es in
wissenschaftlichen Vorträgen und Texten auf das Begründen an. Das gilt also
auch für studentische Seminararbeiten und Referate.

Begründet wird z.B.

– jede neue Erkenntnis, auch neue Bewertungen von Fakten etc.,

– die Wahl eines Begriffes oder einer Bezeichnung, vor allem, wenn der Autor
    zwischen verschiedenen Bezeichnungen wählen musste,

– eine Entscheidung des Autors für eine bestimmte Theorie, eine Methode
    oder Schule,

– jede Kritik an anderen Theorien und Aussagen.

Das Verb *behaupten*, ebenso das Substantiv *Behauptung*, wird normalerweise in
kritischer Absicht gebraucht. Das Substantiv *Meinung* wird in manchen Fächern
im Sinne von Lehrmeinung gebraucht (juristisch üblich), also abweichend von
der Gemeinsprache. Das Verb *meinen* kommt mündlich häufiger vor, schriftlich
selten. Oft geht es dann um eine Begriffsbedeutung (vgl. Kap. 2). Im Verwen-

dungsbeispiel aus einem Aufsatz über Orthographiereformen geht es um Argumente und Meinungen zu einer Orthographiereform:

B3   „Nicht selten stellen solche Meinungsäußerungen bloße Behauptungen dar,
      die keiner ernsthaften Prüfung standhalten; es gehört jedoch ebenfalls zu
      den charakteristischen Merkmalen der öffentlichen Auseinandersetzungen
      um Orthographiereformen, daß hier häufig vorgefaßte Meinungen bekräf-
      tigt und gegenteilige Argumente ignoriert werden."

(aus: Nerius 1994, S. 736 f.)

6.3 Sprachliche Mittel des Argumentierens

6.3.1 Typische grammatische Mittel

* **Kausale Konjunktionen**

Wegen der Häufigkeit und Notwendigkeit des Begründens gibt es viele sprachliche Mittel, mit denen Begründungen realisiert werden können. Es gibt z.B. mehrere Satztypen und Nebensätze mit begründendem Charakter. Die sog. kausalen Konjunktionen im Nebensatz sind aber nicht gleichwertig[2], wie das Beispiel B1 zeigt:

B1   Warum kommst du heute nicht? – Weil ich keine Zeit habe.
      falsche Antworten: Denn ich habe keine Zeit. / Da ich keine Zeit habe.

Weil-Sätze geben im Allgemeinen einen Grund an, der wichtig ist und der dem Hörer bisher nicht bekannt war (Grund für Sachverhalte oder für Handlungen). Die Satzeinleitungen *denn* (Hauptsatz) und *da* (Nebensatz) bieten dagegen oft keine Sachverhaltsbegründung, sondern eine Erklärung für die Annahmen, Gedanken und Schlussfolgerungen des Sprechers. Ein Hauptsatz mit *denn* oder ein Nebensatz mit der Konjunktion *da* können dazu dienen, den Leser an eine ihm bekannte Tatsache oder Einsicht zu erinnern.

Beispiel zur Konjunktion *da* aus einem politikwissenschaftlichen Aufsatz über Japan:

B2   Autor₁ stimmt Autor₂ „in der Einschätzung zu, daß in der Phase bis 1955
      die Bürokratie faktisch eine Vormachtstellung im politischen Prozeß inne-
      hatte, da es den Parteien an politischer Kompetenz und Durchsetzungs-
      fähigkeit mangelte."

(aus: Korpus Graefen, Fach Politikwissenschaft)

Im *da*-Satz wird ein Hinweis auf die wichtige Rolle der Parteien, genauer: der Schwäche der Parteien, gegeben. Der Autor legt sich aber nicht darauf fest, dass dies der einzige oder der Hauptgrund für die „Vormachtstellung" der Bürokratie ist.

---

2 Eine sprachwissenschaftlich vergleichende Untersuchung dieser Fragen zu Deutsch und Englisch
   findet man bei Thielmann (2008).

Das folgende Zitat ist ein interessantes Beispiel für den Gebrauch von *denn* als Einleitung eines begründenden Hauptsatzes. Es stammt aus dem Fach Psychologie, es geht um Theorien der Selbstwahrnehmung, die als „Modelle" bezeichnet werden. Für die Aussage im ersten Satz wird eine komplexe, dreiteilige Begründung gegeben, die mit einem *denn*-Hauptsatz besser als mit einem *weil*-Nebensatz realisiert werden kann:

B3 „Die Fulfillment-Modelle hingegen dürften sich mit der Anerkennung der Selbstaufmerksamkeitstheorie als Selbstkenntnis-Modell außerordentlich schwer tun. Denn erstens (...) zweitens (...) drittens (...)."

(aus: Korpus Graefen, Fach Psychologie)

• **Fragewörter und Frageformulierung**

Warum gibt es N? Warum verändert sich N?
Woran liegt N? Woran liegt es, dass ...?
Wie ist N zu begründen? Wie ist es zu begründen, dass ...?
Woher kommt N?

• **Adverbien, die kausale Beziehungen anzeigen**

Parallel zum Fragewort *warum* ist das Adverb *darum* gebildet, parallel zu *woher* gibt es das Adverb *daher*. Mit beiden Ausdrücken lässt sich das zuvor Gesagte/ Geschriebene als Grund für das Folgende kennzeichnen, allerdings wird *darum* seltener verwendet. Beispiel aus einer Seminararbeit:

B4 „Für Schüler ist es im Anfangsunterricht schwierig, sich beim Schreiben nach einem vorgesprochenen Wort zu richten. Daher hat man schon oft versucht, ..."

• **Die wichtigsten Präpositionen für Begründungen**

wegen (meist mit dem Genitiv, + Dativ, wenn ohne Genitivkennzeichen)
aufgrund (+ Genitiv) / *aufgrund von* + Dativ (ohne Artikel)
Schreibvariante: *auf Grund*

Beispiele für Verwendungen mit Dativ:

B5 a) Wegen Regenfällen blieb die Anlage geschlossen.
b) Die Mediziner untersuchten die Wirkung des Medikaments. Doch aufgrund von Softwareproblemen schlichen sich Fehler in die Daten ein.

• **Zusätzliche Gründe werden eingeleitet durch**

zumal (da) + Nebensatz
umso mehr als + Nebensatz

B6 „Müssen wir nicht dennoch auch beim gewohnten Leistungsniveau Abstriche machen, zumal die Beiträge zur Rentenversicherung im nächsten Jahr kräftig steigen werden?

(aus: Hauch-Fleck/Hoffmann, „DIE ZEIT" 26.07.1996, S. 19)

● **Das Adverb** *nämlich*

Dieses Adverb ist nicht oder nur im weiteren Sinne kausal. Es wird für begründende Erklärungen benutzt. Das vorher Gesagte wird dann genauer gesagt, evtl. noch erweitert. Beispiel aus einem psychologischen Fachartikel:

B7   „Der Begriff des Kontextes wird in familientherapeutischer Literatur vielfältig, aber oft in recht beschränkter Weise verwendet. Als Kontext wird nämlich meist eine Umgebung bezeichnet, sei es die institutionelle Umgebung therapeutischer Arbeit, sei es die familiäre Umgebung eines Patienten."

(aus: Korpus Graefen, Fach Psychologie)

Erläuterung: Der zweite Satz des Zitates erklärt, warum der Autor vorher von einer „recht beschränkten" Verwendung des Begriffs Kontext gesprochen hat.

6.3.2 Lexikalische Übung: Wortfamilien im Bereich Argumentieren

Aufgabe: Tragen Sie in der Tabelle neben den Substantiven die dazu gehörigen Verben und Adjektive ein.

Substantive	Verben	Adjektive
das Argument	_____ für / gegen	_____
das Gegenargument		
die Argumentation		
die Kritik	_____	_____
		_____würdig
		_____ abel
die Widerlegung	_____	_____ bar
die Position	_____	
die Gegenposition		
der Standpunkt		
die Diskussion	_____	_____bereit
	_____	_____würdig
	_____	_____ bedürftig
die Debatte	_____	

der Beweis	_____	_____ kräftig
Auseinandersetzung	_____ (sich)	
die Kontroverse		_____
der Widerspruch	_____	_____ lich
der Streit	_____	_____ ig
	um _____	
die Bestreitung	_____	_____ bar
der Angriff	_____	_____ bar
der Vorwurf	_____	
die Verteidigung	_____ (gegen)	
der Einwand	_____ (gegen)	
der Verfechter	_____	
die Durchsetzung	_____ (gegen)	_____ bar
die Polemik	_____ (gegen)	_____
das Plädoyer	_____	

Grammatische Anmerkung zu den Adjektiven:
Dort, wo keine Adjektive existieren, aber Verben vorhanden sind, werden die Partizipien als Adjektive genutzt.
Beispiel mit Partizip II: *die von F verfochtene Theorie*

6.3.3 Fügungen: Auseinandersetzung und Streit

F setzt sich mit D auseinander

F legt seine Argumente für T dar
F führt A als Hauptargument ein
F führt seine Argumentation aus
F wendet sich gegen A

F legt Widerspruch gegen A ein
F erhebt Widerspruch gegen A
F erhebt schwerwiegende Einwände gegen A

F zeigt einen Widerspruch zwischen D und D auf
zwischen den beiden Aussagen besteht ein Widerspruch

N wurde von F schon 1980 widerlegt
N steht im Widerspruch zu D
N gerät in Widerspruch zu D
die Aussage X erregt / fordert Widerspruch
die Aussage richtet sich gegen A
N ist umstritten / N ist nicht unumstritten
das Thema N wird kontrovers diskutiert
F_1 teilt den Standpunkt von F_2
T_1 widerspricht T_2 (N widerspricht D)
F_1 widerspricht (der Annahme von) F_2
F_1 wirft T / F_2 einen Fehler vor
F äußert Bedenken gegen A

die Aussage / Position von F ist $\left\{\begin{array}{l} \text{angreifbar} \\ \text{diskussionswürdig} \\ \text{bestreitbar} \end{array}\right.$

F_1 weist die Kritik von F_2 zurück
F_1 verteidigt sich gegen Kritik von F_2 (D)

F ist ein $\left\{\begin{array}{l} \text{Vertreter von T} \\ \text{Verfechter von T} \end{array}\right.$

N hat D etwas / nichts entgegenzusetzen
der Auffassung von F ist entgegenzuhalten, dass ...

ein Argument / Gegenargument wird durch A $\left\{\begin{array}{l} \text{bestätigt} \\ \text{entwertet} \\ \text{entkräftet} \end{array}\right.$

in der Diskussion $\left\{\begin{array}{l} \text{sind zwei Positionen erkennbar} \\ \text{werden zwei entgegengesetzte Positionen deutlich} \\ \text{treten zwei Positionen hervor} \end{array}\right.$

eine Behauptung wird durch A ad absurdum geführt
T (N) ist Gegenstand von Kontroversen
T (N) ist Gegenstand heftiger Kontroversen
T_1 setzt sich gegen T_2 durch
unter den FF (D) setzt sich die Erkenntnis durch, dass ...
Argumente für / gegen A werden ins Feld geführt
eine argumentative Auseinandersetzung mit D
eine polemische Darstellung von D

Hinweis:

Das Verb *widersprechen* hat verschiedene Bedeutungen, je nachdem, ob eine Person jemandem widerspricht (= sprachliche Handlung) oder ob eine Aussage oder Theorie einer anderen Aussage widerspricht (= logischer Widerspruch) (siehe auch Kap. 7.2.2)

6.3.4 Wortfamilien und Fügungen: logische Zusammenhänge und Begründungen

Die erste Bedeutung des Ausdrucks *Grund* ist Boden (m.), abstrakter gefasst: *Basis* (f.).

Beispiele:

B1   Auch mehrdeutige Ausdrücke haben immer eine *Grundbedeutung.*

B2   Der Zusammenhang X ist *grundlegend* / von grundlegender Bedeutung.

B3   F *legt den Grund für* die Entstehung eines Faches / einer Disziplin.

B4   F *geht* einem Problem / einem Phänomen *auf den Grund.*

Ausdruck einer logischen Relation: Wirkung ⇨ Ursache	Ausdruck einer logischen Relation: Ursache ⇨ Wirkung
N liegt an D	N liegt D zugrunde
N resultiert aus D	N resultiert in D
N ergibt sich aus D	N führt zu D N ergibt A N ruft A hervor
N folgt aus D	N ist die Ursache für A
N ist / wird durch A verursacht	N verursacht A
N begründet sich aus D	N ist der Grund für A
N basiert auf D	N ist die Grundlage für A N ist die Basis für A
N ist die Konsequenz von D	N hat A als Konsequenz / zur Folge N hat als Resultat / Ergebnis A N hat A zum Ergebnis / zum Resultat
N ist die Bedingung für A	N ist durch A bedingt

Weitere sprachliche Mittel für das Begründen

F will die Ursache für A
⎰ erkennen
⎰ aufdecken
⎰ entdecken
⎰ ergründen
⎰ bestimmen

N bedarf einer Erklärung
N fordert / verlangt eine Erklärung

der Grund für A ist in / bei D zu suchen / zu finden
der Grund des G ist ...

eine Begründung ist
- akzeptabel
- überzeugend
- plausibel
- nachvollziehbar
- stichhaltig

aus gutem Grund / mit gutem Grund

aus
- sachlichen
- methodischen
- praktischen   Gründen schlägt F A vor
- theoretischen
- heuristischen

ein Einwand ist
- zutreffend
- ernstzunehmen
- schwerwiegend

zur Begründung von D geht F so vor, dass ...
die Begründung für A ergibt sich aus D

hier(in) liegt
- die Ursache für A
- der Grund des/der ...
- einer der Gründe von D

es handelt sich bei D im Grunde genommen (eher) um A

6.4 Übungen zur argumentativen Sprache

6.4.1 Lexikalische Übung: Wortfamilien ergänzen

Aufgabe: Tragen Sie fehlende Substantive, Verben und Adjektive ein.

Substantiv	Verb (+ Präp + Kasus)	Adjektive, Partizipien
die Folge	_____	_____ (P1)
		_____ richtig
		Adverb: _____
_____	folgern aus D	_____ (P2)
die Schlussfolgerung	_____	
der Schluss	_____	_____ig
die Wirkung	_____	_____sam
	sich aus_____	_____voll

das Resultat	_____	_____	(P1)
_____	_____	gründlich	
	sich _____ auf		
_____	begründen	_____	(P2)
das Ergebnis	_____	_____ los	
	sich _____	_____ ig	
die Grundlage	_____	_____	(P1)
die Bedingung	_____	_____	(P2)

6.4.2 Übung: Nach Gründen und Folgen fragen

Es gibt drei Standardfragen nach dem Grund:

a) Warum ist das so?
b) Wor____ liegt das?
c) Wo_____ _____ das?

Das Spektrum der Fragen nach Gründen und Folgen ist aber noch breiter.

Aufgabe: Prüfen Sie zunächst, ob eine Präposition oder ein Kasusobjekt zum Verb gehört, Beispiele geben die ersten Zeilen. Formulieren Sie dann mit Hilfe der angegebenen Verben Fragen zu Gründen und Folgen.

	Verb	Präp./Objekt	Frage
1.	liegen	an D	(es) – Woran liegt es, dass ...?
2.	resultieren	aus D	(Veränderung) – Woraus resultiert die Veränderung?
3.	zugrunde liegen	?	(Phänomen)
4.	verursachen	?	(Zustand)
5.	folgen	?	(Faktum)
6.	bewirken	?	(Methode)
7.	beruhen	?	(Aussage)
8.	sich begründen lassen	?	(Phänomen)

9.	sich erklären	?	(Phänomen)
10.	Ursache / Grund	?	(Entwicklung)
11.	zustande kommen	?	(Situation)
12.	abhängen	?	(Bedingung)
13.	zusammenhängen	?	(Entwicklung)
14.	zu erklären sein	?	(Phänomen)

6.4.3 Einsetzübung: „Computertechnik"

Aufgabe: Thema ist eine Behauptung: „Die Computertechnologie ist für alle Wirtschaftsabläufe inzwischen unverzichtbar." Füllen Sie die Lücken im Text aus (eine oder zwei Möglichkeiten).

Die Notwendigkeit der Computertechnologie (1) _____ /

_____ daraus, dass sie eine billigere und effektivere Verwaltung ermöglicht. Außerdem haben Computer die Produktionstechniken revolutioniert. Auch das hat zu ihrer Verbreitung

(2) _____. Ihr Erfolg ist also deutlich auf das Bedürfnis der Firmen, ihre Produktionsabläufe zu beschleunigen, (3) _____ zu

_____. Seitdem Computer in allen Firmen selbstverständlich sind, zeigen sich aber auch negative (4) _____ / _____.

Der Einsatz von Computern in allen Unternehmen ist ein weiterer

(5) _____ für steigende Arbeitslosigkeit unter Verwaltungsangestellten.

Woran (6) _____ es, dass heute schon jedes Kind lernt, mit einem

Computer umzugehen? Das ist auch ein (7) _____ /

_____ dessen, dass Computer heute in fast jedem Wirt-

schaftszweig und in jedem Beruf eine wichtige Rolle spielen. Die Compu-

tertechnik hat übrigens dazu (8) _____, dass die Informatik

eine Wissenschaft geworden ist. Der zweite (9) _____ für die

vielen „Computerkids" ist die (10) _____, dass Computer

eine immer größere Rolle in der Freizeit spielen. Das ist natürlich nur

möglich, (11) _____ alle Computerteile sehr billig geworden sind,

(12) _____ durch die Massenproduktion. Die Freizeitinfor-

matik ist sozusagen eine Neben(13)_____ der ökonomi-

schen Nutzung der Computertechnik. Ursprünglich entwickelte sie sich

aus militärischen Projekten im 2. Weltkrieg. Daraus macht ihr aber heute

keiner mehr einen (14) _____.

6.4.4   Schreibübung: „Wird Betrug zur Normalität?"

Der koreanische Stammzellenforscher Hwang Woo Suk wurde durch Klon-Studien berühmt, deren Daten sich später als Fälschungen herausstellten (2006). Der Wissenschaftssoziologe Peter Weingart schreibt in einem Presseartikel dazu:

> „Es ist kaum möglich, eine präzise Schätzung der Häufigkeit von Betrug in der Wissenschaft zu geben. Konservative Modelle gehen von 100 Fällen pro Jahr für die USA aus. ... Die Betrugsfälle sind besorgniserregend, weil sie das bestehende Vertrauen gefährden und diejenigen, die sich an die Regeln halten, mitbelasten. Also muss nach systematischen Gründen dafür gesucht werden, warum Betrug gerade in der (bio-)medizinischen Forschung besonders häufig zu sein scheint."

(aus: „Süddeutsche Zeitung", 02.01.2006)

Aufgabe: Schreiben Sie einen Text, in dem Sie die Frage „Wird Betrug zur Normalität?" beantworten. Gehen Sie auf Peter Weingarts Informationen und auf weitere Aspekte ein. Verwenden Sie Fügungen und Formulierungen aus Kapitel 6 und die nachfolgenden Hinweise.

Hinweise zur medizinischen und genetischen Forschung:
- Stammzellenforschung: Forschung im Medizinbereich (neue Therapien) wird mit hohen Summen gefördert (Staat und Pharmaindustrie);
- Stammzellenforschung auch Grundlage für neue Medikamente;
- Stammzellenexperimente sind technisch schwierig und misslingen oft;
- Wissenschaftler sind zu gegenseitiger Kontrolle verpflichtet;
- Institutionen der Selbstkontrolle im Fach, z.B. Gutachten durch Fachkollegen

---

6.4.5 Übung zur Satzbildung: „Klonstudien"

Aufgabe: Verwenden Sie die unten vorgeschlagenen Satzbestandteile, die Sie auch umformen können. Bringen Sie die logische Relation mit Hilfe der in Klammern angegebenen Formulierungshilfen zum Ausdruck. Achten Sie auch auf die Wahl der Artikel (vgl. dazu Kap. 5).

---

1. Bewilligung von Forschungsmitteln in Millionenhöhe – Fälschung von Zahlen oder Ergebnissen – (führen können)

2. wissenschaftliche Ethik – Überzeugung: Wissenschaftler betrügen nicht (zugrunde liegen)

3. Menge der Publikationen – Gehaltszulagen – zusätzliche Forschungsmittel – in manchen Ländern (deutlicher Zusammenhang)

4. notwendige Forschungsgelder stehen nicht zur Verfügung – Konkurrenzdruck unter den Wissenschaftlern (verschiedene Verbindungen und Aussagen möglich!)

6.4.6 Übung: Studentische Produktionen beurteilen / verbessern

Aufgabe 1: Achten Sie in diesen Auszügen aus Hausarbeiten auf die Konjunktionen und Adverbien. Markieren Sie die problematischen Ausdrücke und formulieren Sie Verbesserungsvorschläge.

---

1. „Der Nobelpreisträger H. von Euler-Chelpin veröffentlichte deutschsprachige Artikel, obwohl er berufstätig in Schweden war. Er verschwendete deshalb keine Gedanken an die Umstellung der Sprache."

2. „Englisch und Deutsch sind relativ ähnlich in ihrer Struktur. Also gerade deswegen mischen die zwei Sprachen leicht zusammen. Dadurch geben sich die Wissenschaftler keine besondere Mühe, die neuen Wörter zu verdeutschen, denn sie werden die selben Wörter öfters im Englischen statt im Deutschen in der wissenschaftlichen Welt sehen."

3. „Das serbische *pa* mag eine Rechtfertigung einleiten, aber dies jedoch nicht selbständig, ..."

4. "Doch im Gegensatz zu den anderen Beispielen findet die Bewegung jedoch nicht aus eigenem Antrieb statt."

5. „Denn nach Koller ist das deskriptive Modell der traditionellen Grammatik am besten geeignet, obwohl deren Kategorien umstritten, aber trotzdem bekannt sind, als Beschreibungsmodell zu dienen."

6. „Häufige Fehler liegen dem Problem des Verhältnisses zwischen gesprochener und geschriebener Sprache zugrunde, da viele Kinder phonologisch schreiben."

7. „In meiner Arbeit sollen die zwei Kommunikationsbereiche ... näher beschrieben werden. Dazu soll zunächst ... geklärt werden. Es folgen grundlegende Charakteristika fachinterner Kommunikation ... Aufgrund dessen wird schließlich auf verschiedene Techniken und Strategien populärwissenschaftlicher Darstellung ... näher eingegangen ..."

8. „Indem das gedruckte Wort von nun an auf einem freien Markt für Grund legend jedermann erhältlich war, entstand eine völlig neue Form der Öffentlichkeit in Deutschland."

9. „Auf Grund einer dieser Typologien wird die Korpusanalyse durchgeführt."

Aufgabe 2: Welche Ausdrücke oder Formulierungen sind in den folgenden Textstellen problematisch? Markieren Sie die entsprechenden Stellen und formulieren Sie Verbesserungsvorschläge.

1. „Unter Wissenschaftlern sind die Meinungen gespalten."

   ———————————————————————————————————

2. „Das Festhalten an traditionellen Normen beruft sich oft auf kulturelle Vorbilder."

   ———————————————————————————————————

3. „In dieser Schrift legten die Gegner der Reform sich dar."

_____

_____

4. „F vertritt eine starke Meinung."

_____

_____

5. „Nach Ulrich Ammons Untersuchungen ist die Tendenz leider nicht zu stoppen."

_____

_____

6. „Über diese Frage spalten sich die Wissenschaftler in zwei Lager auf."

_____

_____

7. „Schon Wilhelm von Humboldt vertrat die Ansicht, daß Sprachen nicht nur der Bezeichnung von Gegenständen dienen."

_____

_____

8. Mit dem zunehmenden Gebrauch der Schrift „schlich sich eine stetige Wahrnehmung des Eigencharakters der Schrift ein."

_____

_____

9. „F ist ein überzeugter Verfechter der positiven Aspekte" von X.

_____

_____

10. „Die Grundlagen für eine professionelle Berufsausübung müssten schon in
    der Ausbildung gestiftet werden."

11. „Der Schriftsteller H. M. Enzensberger fragt in einem Interview: „Wer ist
    eigentlich dieser Konrad Duden? Irgendein Sesselfurzer!" Es muss jedoch
    erwähnt werden, dass durch die Rechtschreibreform dieses Duden-Monopol
    aufgeweicht wurde, da die Kultusminister von nun an das letzte Wort
    behalten wollen."

6.4.7 Schreibübung: „Langer Weg zur Spitzen-Uni"

Im „Elite-Wettbewerb" der deutschen Universitäten sind die ersten Entschei-
dungen gefallen. Zum Jubel derer, die eine Runde weiter kommen, tritt jetzt der
Frust der Verlierer. Nicht jeder Wissenschaftler und nicht jede Hochschule werden am Ende von den 1,9 Milliarden Euro profitieren, die Bund und Länder be-
reit stellen, um die Spitzenforschung zu fördern.

(aus „Süddeutsche Zeitung", 23.01.2006).

Viele Bildungspolitiker und Wissenschaftler plädieren für die Gründung von
Eliteuniversitäten in Deutschland. Aber es gibt auch zahlreiche kritische Stimmen.

Aufgabe: Was halten Sie von der Einrichtung von „Elite-Universitäten"? Schreiben
           Sie einen Text (max. 200 Wörter), in dem Sie Ihre eigene Position formu-
           lieren und begründen. Berücksichtigen Sie in Ihrer Argumentation auch
           konträre Positionen.

7 Gegenüberstellung und Vergleich

Eine der zentralen Aufgaben beim wissenschaftlichen Schreiben besteht darin, Wissenselemente oder Positionen von Wissenschaftlern zueinander ins Verhältnis zu setzen. Was wird in wissenschaftlichen Texten verglichen? Vergleichsgegenstände können Ergebnisse empirischer Untersuchungen, wissenschaftliche Positionen oder historische Phänomene sein. Beim Vergleichen werden Gemeinsamkeiten und Unterschiede formuliert und auch Abgrenzungen vorgenommen.

7.1 Wortschatz und Fügungen zum Gegenüberstellen und Vergleichen

7.1.1 Lexikalische Übung: Wortfamilien ergänzen

Aufgabe: Tragen Sie neben den Substantiven die dazugehörigen Verben und Adjektive ein.

Substantive	Verben	Adjektive
die Gleichheit	_____	_____
der Vergleich	_____	_____ bar
der Unterschied	_____	_____
die Unterscheidung	_____	_____ bar
die Gegenüberstellung	_____	
der Kontrast	_____	_____
die Abgrenzung	_____	_____ (P2)
		_____ bar
das Verhältnis	(sich) _____	

7.1.2 Textanalyse und Übung: „Schlaf bei Männern und Frauen"

Aufgabe: Lesen Sie den folgenden Text und unterstreichen Sie alle Formulierungen, mit denen Gegenüberstellungen und Vergleiche vorgenommen werden.

In Bezug auf Schlaf und Schlaflosigkeit gibt es große Unterschiede zwischen Männern und Frauen. Frauen leiden insgesamt häufiger an Schlafstörungen als Männer. Zwar sind in jungen Jahren noch beide Geschlechter gleich häufig betroffen, aber mit zunehmendem Alter entwickeln Frauen eine deutlich höhere Anfälligkeit gegenüber Schlafstörungen. Erste Steigerungen zeigen sich im Alter zwischen dem 35 und 40 Lebensjahr. Je älter Frauen werden, desto häufiger leiden sie unter Schlafstörungen.

Ein weiterer Unterschied besteht darin, dass Frauen ihren Schlaf anders beurteilen als Männer. Männer beurteilen einen guten Schlaf danach, wie ausgeschlafen sie sich am nächsten Morgen fühlen. Frauen dagegen beurteilen ihren Schlaf danach, wie lange sie geschlafen haben und wie häufig sie während der Nacht aufgewacht sind.

Im Vergleich zu den Männern haben Frauen durchschnittlich einen leichteren Schlaf. Männer schlafen tiefer und wachen seltener auf, während Frauen leichter durch Geräusche in ihrem Schlaf gestört werden und sich weniger erholt fühlen.   (aus: „Schlaf", www.medizinfo.de, gekürzt und adaptiert)

7.1.3 Fügungen und grammatische Mittel zum Gegenüberstellen und Vergleichen

Fügungen

N und N sind
- gleich
- verschieden
- unterschiedlich

N_1 und N_2 gleichen sich
N ist mit D vergleichbar
N_1 und N_2 sind vergleichbar
- in der Eigenschaft X
- unter dem Gesichtspunkt X
- insofern, als ...
- in dem Punkt, dass ...
- bezüglich X / in Bezug auf X
- hinsichtlich X

F vergleicht A mit D

F unterzieht A_1 und A_2 einem Vergleich

F führt einen Vergleich von D und D durch

F nimmt eine Gegenüberstellung von D und D vor

F trifft eine Unterscheidung zwischen D und D

F grenzt A von D ab

F untersucht
- die Beziehung zwischen D und D
- das Verhältnis zwischen D und D
- das Verhältnis von D zu D

F macht einen Unterschied zwischen D und D

der Vergleich von D und D
- macht deutlich, dass ...
- ergibt A
- führt zu dem Ergebnis / Resultat X

zum Vergleich mit D wird N herangezogen

im Vergleich zu D erweist sich N als besser / stärker / schwächer

vergleicht man A mit D, (so) zeigt sich N

N unterscheidet sich von D darin, dass ... / in D

N und N weisen einen wichtigen Unterschied auf

der Unterschied zwischen D und D $\left\{\begin{array}{l}\text{äußert sich in D} \\ \text{liegt in D} \\ \text{besteht darin, dass ...}\end{array}\right.$

in Bezug auf A unterscheiden sich N und N erheblich / stark / deutlich voneinander

bei D lassen sich N_1 und N_2 unterscheiden

bezüglich G ist als Unterschied festzuhalten, dass ...

im Unterschied zu D	hat N die Eigenschaft X
im Gegensatz zu D	ist N durch A gekennzeichnet (geprägt)
anders als N	lässt sich N durch A charakterisieren
im Kontrast zu D	zeichnet sich N durch A aus
in Abgrenzung zu D	ist für A N charakteristisch

N wird zu D ins Verhältnis gesetzt

der Unterschied zwischen D und D liegt in D

aus D ergibt sich ein / kein Unterschied zwischen den beiden D

im Verhältnis zu D hat N die Eigenschaft X

der Eigenschaft X von D_1 steht die Eigenschaft Y von D_2 gegenüber

in dem Aspekt X
unter dem Aspekt X $\left.\begin{array}{l} \\ \\ \\ \end{array}\right\}$ sind N und N gleich
hinsichtlich G
im Hinblick auf A

Grammatische Mittel zum Ausdruck von Gegenüberstellung und Vergleich

Adverbien:

> *hingegen, dagegen, allerdings, jedoch*

Subjunktionen, die einen Nebensatz einleiten:

> *während, wogegen, wohingegen*

Konjunktionen, die zwei Hauptsätze verbinden (können):

> *auf der einen Seite ..., auf der anderen Seite*
> *einerseits ...., andererseits*
> *zwar..., aber*

7.1.4 Umformungsübung: „Schlaflosigkeit"

Aufgabe: Formulieren Sie die kursiv gedruckten Satzglieder um.

---

1. *Im Vergleich zu* den Männern leiden Frauen im Alter zwischen 50 und 79 Jahren häufiger an Schlaflosigkeit.

   _____ _____ Männer mit Frauen im Alter zwischen 50 und 79 Jahren, so zeigt sich, dass letztere häufiger an Schlaflosigkeit leiden.

2. In Bezug auf das Schlafverhalten *gibt es* deutliche *Unterschiede zwischen* Männern und Frauen.

   Das Schlafverhalten von Männern _____ _____ deutlich

   von _____ der Frauen.

3. Männer schlafen in der Regel tief, *während* Frauen häufig von Geräuschen geweckt werden.

   Männer schlafen in der Regel tief, Frauen _____ / _____ werden häufig von Geräuschen geweckt.

4. *Anders als Männer* beurteilen Frauen ihren Schlaf danach, wie lange sie geschlafen haben.

   _____ _____ _____ den Männern beurteilen Frauen ihren Schlaf danach, wie lange sie geschlafen haben.

5. *Vergleicht man* das Schlafverhalten von Männern und Frauen miteinander, so zeigen sich im Alter zwischen 20 und 30 Jahren große Ähnlichkeiten.

   _____ man das Schlafverhalten von Männern und Frauen

   einem _____, so zeigen sich im Alter zwischen 20 und 30 Jahren große Ähnlichkeiten.

6. *Auch wenn* Frauen häufiger an Schlafstörungen leiden als Männer, beklagen sie sich seltener darüber.

   Frauen leiden _____ häufiger an Schlafstörungen, beklagen sich

   _____ seltener darüber.

7.1.5 Übung: Studentische Produktionen beurteilen / verbessern

Aufgabe: Korrigieren Sie die folgenden Ausschnitte aus Hausarbeiten.

1. „Der Unterschied des Fachsprachenlehrers zum Sprachlehrer liegt nicht nur in seiner vorhandenen bzw. erwünschten Kompetenz in einem Fach, sondern vielmehr in seiner Fähigkeit, eine Verbindung zwischen Sprachvermittlung und fachbezogener Wissensvermittlung herzustellen."
2. „Es ist interessant, dass kaum Unterschiede zwischen Finnen und Deutschen herrschen."

7.2 Gegensatz, Gegenteil, Widerspruch

Diese Ausdrücke verdienen besondere Berücksichtigung, da sie auch von Deutschen gerne verwechselt und nicht immer trennscharf verwendet werden. Dabei sind diese drei Substantive in vielen Fällen nicht austauschbar. Einige Erklärungen und wichtige Fügungen in Verbindung mit *Gegensatz – Gegenteil – Widerspruch* sind im Folgenden aufgeführt.

7.2.1 der Gegensatz, das Gegenteil

Gegensatz und *Gegenteil* kann man folgendermaßen unterscheiden:

Gegenteil: Die Eigenschaften zweier Elemente sind konträr und entgegengesetzt, so wie die Bedeutungen von *heiß* und *kalt* oder die Zeichen + / – innerhalb der mathematischen Sonderzeichen. Sie stehen sich wie Pole auf einer Skala gegenüber.

B1   Muss der Algorithmus für eine solche Aufgabe – falls es überhaupt einen gibt – nicht äußerst kompliziert sein? Nein, das Gegenteil ist der Fall: Zufallszahlengeneratoren sind einfache, kleine Prozeduren, die sich jeder Programmierer leicht selbst schreiben kann.

(aus: Rechenberg 1991, S. 111)

Gegensatz: Diese Pole oder die Gegenteile stehen in einem gegensätzlichen Verhältnis zueinander, das Verhältnis (die Relation) ist also ein Gegensatz (siehe B2). Von daher können zwei Personen ein gegensätzliches Temperament haben. Ein anderes Beispiel: *Der Gegensatz von Reich und Arm tritt in einem Stadtviertel deutlich zutage.*

B2   Der Autor konzentriert sich auf die reine Physik und verzichtet im Gegensatz zu Hawking auf religiöse und metaphysische Ausführungen.

Fügungen im Vergleich

N steht im Gegensatz zu D   N ist das Gegenteil von D
im Gegensatz zu D ist / hat N ...   das Gegenteil ist der Fall, ...
im Gegensatz dazu ...   N verhält sich nicht so, im Gegenteil: ...
im Gegensatz zu D handelt es sich bei D um A
im Gegensatz hierzu weist N eine andere Eigenschaft auf
T_1 steht in einem deutlichen Gegensatz zu T_2
N und N stehen im Gegensatz zueinander

F versucht, die Gegensätze $\left\{ \begin{array}{l} \text{zu verstehen} \\ \text{zu erklären} \\ \text{zu überbrücken} \end{array} \right.$

ein $\left\{ \begin{array}{l} \text{klarer} \\ \text{prinzipieller} \\ \text{starker} \end{array} \right\}$ Gegensatz

Die weiteren Verwendungsbeispiele zeigen, dass beide Substantive (Gegensatz / Gegenteil) zur Einleitung einer Äußerung dienen können, aber auf verschiedene Weise.

Verwendungsbeispiele

B3   Säureblocker verringern die Säureproduktion im Magen längerfristig und sind damit wirksamer als sogenannte Antacida. Im Gegensatz zu anderen europäischen Ländern müssen Säureblocker in Deutschland vom Arzt verschrieben werden.

(aus: Geisler 1999, S. 32)

B4   Dieses Machtvakuum konnte nur durch die Bürokratie ausgefüllt werden, da diese als dritter Machtblock des Vorkriegssystems weitgehend struktu-rell und personell unangetastet geblieben war und ihre Position sogar noch festigen konnte – ganz im Gegensatz zu den Wirtschaftsmonopolen und dem Militär, die im Rahmen der Besatzungspolitik Gegenstand direkter Auflö-sung bzw. Diversifizierung gewesen waren.

(aus: Korpus Graefen, Fach Politikwissenschaft)

B5   Doch niemand hat den Eindruck, dass bereits neue Gewissheiten an die Stelle der alten getreten wären. Im Gegenteil: Viele Grundannahmen der deutschen Politik sind seit der Bundestagswahl ins Rutschen gekommen.

(aus: Dürr 1999, S. 59)

7.2.2 der Widerspruch

Jemandem widersprechen ist zunächst einmal eine sprachliche Handlung. Im juristischen Bereich wird diese Handlung als Widerspruch bezeichnet:

B1   a) F_1 widerspricht der Deutung der Versuchsergebnisse von F_2.
      b) Gegen dieses Schreiben können Sie Widerspruch einlegen.

Die Ausdrücke *Widerspruch* und *widersprechen* bezeichnen in der AWS sehr oft ein logisches Verhältnis. Dieses ist dem Gegensatz ähnlicher als das Gegenteil.

B2   a) Seine Aussage steht im Widerspruch zu dem, was er 1998 schrieb.
      b) Seine Aussage steht im Gegensatz zu dem, was er 1998 schrieb.

In diesem Fall können die beiden Formulierungen fast gleichbedeutend verwen-det werden. *Widerspruch* als etwas Unvereinbares, nicht Übereinstimmendes, ist aber nicht immer durch *Gegensatz* austauschbar:

B3   Die aus einfachen und bildungsfernen anatolischen Familien stammenden Studentinnen – ihre Mütter waren häufig noch Analphabetinnen – sind leis-tungsorientiert und bemüht, den sozialen Aufstieg zu schaffen. Berufliches Engagement und Kopftuch ist für diese Frauen kein Widerspruch.

(aus: Lüders 1998, S. 7, leicht adaptiert)

Fügungen

N steht im Widerspruch zu D
N stellt einen Widerspruch zu D dar
N widerspricht D
N duldet keinen Widerspruch
F legt Widerspruch (gegen A) ein

7.2.3 Übung zu: Unterschied / Gegenteil / Gegensatz

Aufgabe: Füllen Sie die folgenden Lücken unter Verwendung der Ausdrücke
Unterschied / Gegenteil / Gegensatz:

---

1. _____ _____ _____ den Studierenden an französi-

schen Universitäten hatten Studierende an deutschen Universitäten

vor der Bologna-Reform die Möglichkeit, ihre Vorlesungen frei zu

wählen.

2. In Frankreich gab es keine durchgehend freie Vorlesungswahl.

_____ _____ : Der Stundenplan eines Studenten war

von vornherein klar festgelegt.

3. Trotz des Besuchs eines einjährigen Vorbereitungskurses waren fran-

zösische Studenten am Ende ihres Hochschulstudiums nicht älter als

deutsche Studenten. Es war sogar _____ _____ der

Fall.

7.3 Quantitäten und Qualitäten

In wissenschaftlichen Texten müssen häufig quantitative und qualitative Angaben gemacht werden, und Größen werden zueinander ins Verhältnis gesetzt.
Dies ist auch für die Auswertung von Messergebnissen oder für die Beschreibung von Grafiken und Schaubildern von Bedeutung.

B1   Die Zahl der Menschen mit Schlafproblemen vergrößert sich ab dem Alter
von 45 Jahren deutlich.

7.3.1 Lexikalische Übung: Wortfamilien ergänzen

Aufgabe: Tragen Sie neben den Substantiven die dazugehörigen Verben, Adjektive
und Partizipien in die Tabelle ein.

Substantive	Verben	Adjektive / Partizipien
die Höhe	_____	_____
die Erhöhung	_____	_____ t
die Größe		_____
die Vergrößerung	_____	_____ t
die Zunahme	_____	_____ d
der Anstieg	_____	_____ d
die Steigerung	_____	
die Häufigkeit		_____
der Umfang	_____ (!)	_____ d
die Vermehrung	(sich) _____	_____ t
die Verminderung	sich _____	_____ t
die Verringerung	_____	_____ t
der Rückgang	zu_____	_____ d
die Abnahme	_____	_____ d
das Maß	_____	_____ bar
der Anteil		_____ ig
das Wachstum	_____	_____ d
der Betrag	_____	

Fügungen

in einer Höhe von
bis zu einer Höhe von
oberhalb einer Höhe von
N ist ein exaktes Maß für A
in dem Maße, wie N der Fall ist, verändert sich N
N wird nach ästhetischem Maß / Maßstab beurteilt
gemessen an D ist N anders
N und N weisen ein hohes Maß an Ähnlichkeit / Gleichartigkeit auf

in der Häufigkeit steht N an erster Stelle
N tritt mit einer bestimmten Häufigkeit auf
die Steigerung einer Aktivität / einer Wirkung
in begrenztem / großem Umfang
F verfügt über umfassende Kenntnisse von D
N nimmt an Umfang zu
N ist dem Umfang nach der wichtigste Teil von D
es erfolgt eine Abnahme / Zunahme / ein Rückgang von D

7.3.2 Übung: Quantitative Angaben machen

Aufgabe: Welche Verben passen zu welchen Substantiven im Satz? Tragen Sie die Nummer des passenden Verbs – evtl. mehrere – in der rechten Spalte ein. Wenn in der linken Spalte Verben übrig bleiben, suchen Sie andere Substantive, mit denen diese Verben kombiniert werden können.
Erweiterte Übung: Formulieren Sie die Sätze aus und wählen Sie ein passendes Tempus (Präsens oder Perfekt).

Verben	Substantive (als Subjekt)		
1. betragen	der Umfang des Kreises	(	1)
2. umfassen	die Fahrt	(	)
3. steigen – sinken	die Zahl der Arbeitslosen	(	)
4. wachsen	der Wärmegrad	(	)
5. zunehmen – abnehmen	die Häufigkeit der Messungen	(	)
	das Ausmaß der Schädigung	(	)
6. sich vermehren – sich vermindern	die Einnahmen aus den Geschäften	(	)
7. zurückgehen	die Kritik an dem Verfahren	(	)
8. sich erhöhen – sich verringern	die Zufriedenheit der Patienten	(	)
9. überhand nehmen	der Begriff	(	)
10. größer werden – kleiner werden	die Menge der Produkte	(	)
	die Genauigkeit der Messergebnisse	(	)
11. dauern	die Akzeptabilität der Maßnahmen	(	)
12. liegen bei	die Menge der Betrugsfälle	(	)
13. sich verbessern – verschlechtern	die Phase der Ergebnissicherung	(	)

7.3.3 Übung: Studentische Produktionen beurteilen / verbessern

Aufgabe: Markieren Sie die problematischen Formulierungen bezüglich Quantität und Qualität. Achten Sie auch auf andere missglückte Formulierungen. Notieren Sie Verbesserungsvorschläge.

---

1. „Der Zugang zur Schrift war damals auf wenige Geistliche und Schriftgelehrte reduziert. Demgemäß lag die Lese- und Schreibfähigkeit zum Ende des 15. Jh. bei gerade 1-4 % der Bevölkerung. ... Bis in die zweite Hälfte des 18. Jh. erhöhte sich die Alphabetisierung bereits auf 40 % der gesamten Bevölkerung."

2. „Im Mittelhochdeutschen gab es mindestens über 300 Verben, die einen Genitiv als Objekt forderten."

3. „Viele Grammatiken liefern uns mehr oder weniger Auskunft über die Herkunft der deutschen Präpositionen."

4. „Diese Zusammenhänge führen zu einer zahlreichen Anzahl von Beziehungsverhältnissen, die zu Schwierigkeiten beim Gebrauch einer und derselben Präposition im deutschen Sprachgebrauch führen."

7.3.4 Übung: Ungefähre quantitative Angaben austauschen

Aufgabe: In den folgenden Sätzen sind ungenaue Quantifizierungen enthalten, in umgangssprachlicher Formulierung (kursiv gedruckt). Wählen Sie aus den nachfolgenden Formulierungen geeignete, wissenschaftssprachlich eher übliche Angaben (mindestens eine Lösung pro Satz). Wenn der Satz dann geändert werden muss, schreiben Sie ihn neu.

im Allgemeinen / in der Mehrzahl / stark / in hohem Maße / hinreichend / weitreichend / eine große Zahl / erheblich / vollständig / in entscheidendem Maß / fast uneingeschränkt / beträchtlich / weitgehend / bei weitem

---

1. Die *meisten* Naturwissenschaftler sehen die Sprache eher als ein gleichgültiges Instrument an.

2. Angesichts dieser Ergebnisse stellen sich *viele* Fragen.

3. Die Alltagssprache reicht *überhaupt* nicht aus, um neue Kategorien zu bilden. Die „tote" Sprache Latein erlaubt *fast überall* die Bildung von sogenannten Kunstwörtern. Um *genug* fachspezifische Termini zu erhalten, wird auch die Wortbildung eingesetzt.

4. Der westliche Wissenschaftsstil zeichnet sich durch eine *große* Tendenz zu Nominalisierungen aus.

> 5. Die Hindernisse für den Schulbesuch haben sich *sehr* erhöht.
>
> 6. Das Genitivattribut wird *meistens* nachgestellt.
>
> 7. Die große Zahl der wissenschaftlichen Publikationen kann von niemandem *ganz* rezipiert werden.
>
> 8. Daraus ergaben sich *große* Folgen für den innerwissenschaftlichen Diskurs.
>
> 0. Die staatliche Festlegung der Orthographie im Jahre 1903 bestimmte den Schriftgebrauch *sehr stark*.
>
> 10. Die gesetzlichen Bestimmungen weisen *große* Unterschiede auf.

7.4 Identität, Gleichheit, Ähnlichkeit

Zunächst eine Bestimmung des Begriffs Identität aus einem philosophischen Wörterbuch:

> „Der Ausdruck Identität bezeichnet eine gedankliche Beziehung (...). „A ist identisch mit B" besagt dann: Trotz der Verschiedenheit der Bezeichnung durch „A" und „B" ist das damit Bezeichnete nicht Verschiedenes, weshalb die Vervielfältigung und die Unterschiedenheit der Glieder der Identitätsbeziehung allein im Denken gründet. In weiterer philosophischer Analyse wird die Identität in Abhebung von Differenz aufgefasst und als Möglichkeitsbedingung des Unterschiedenen und Vielfältigen gesehen."
>
> (aus: Historisches Wörterbuch der Philosophie)

Identität ist also in der AWS ein logischer Begriff, anders als der psychologische Begriff der Identität, nach dem ein Mensch eine „Identitätsstörung", eine Störung seines Selbstbewusstseins und seiner Selbstzufriedenheit, haben kann.

Verwendungsbeispiele zur Darstellung einer Identität

X und Y sind identisch, sie stimmen überein:

B1   Das Messer, das die Polizei am Tatort fand, ist identisch mit der Tatwaffe.

X und Y sind im Aspekt Z identisch (stimmen überein):

B2   Dieser Genabschnitt der Maus und der untersuchte menschliche Genabschnitt sind in ihrem Aufbau identisch.

Substantive und Verben im Wortfeld *Identität*

Ähnliche Substantive sind: die Gleichheit, die Vergleichbarkeit, die Entsprechung, die Ähnlichkeit, die Übereinstimmung, die Äquivalenz, die Austauschbarkeit, die Analogie, das Zusammenfallen, die Gleichsetzung, manchmal auch: die Deckungsgleichheit

B3 „Hier besteht eine auffallende Ähnlichkeit zwischen ihrer Beschreibung der Sprechstunde und ihrer Darstellung von Gesprächen mit ausländischen Studierenden".

(aus: Aplevich 2008, S. 75)

B4 „Das Gesellschaftsverständnis der Moderne hat A. D. Smith treffend als „methodologischen Nationalismus" gekennzeichnet: Gesellschaft und Staat werden deckungsgleich gedacht, organisiert, gelebt."

(aus: Beck 1999, S. 115)

In der alltäglichen Wissenschaftssprache hat das Verb „zusammenfallen" (auch substantiviert: „das Zusammenfallen") eine besondere Bedeutung und kann in verschiedenen Verwendungszusammenhängen eingesetzt werden.

a) N und N ereignen sich gleichzeitig, finden zu gleicher Zeit statt

B5 Die beiden Tagungen fallen regelmäßig zusammen.

b) N deckt sich mit D, ist mit D kongruent, stimmt mit D überein

B6 Die beiden Geraden fallen zusammen. (Geometrie)
Die Begriffe fallen teilweise zusammen.

B7 „Da Menschsein mit Sprachehaben zusammenfällt, ist die Sprache dem Menschen etwas Selbstverständliches."

(aus: Althaus / Henne / Wiegand 1980, S. 97)

Wenn keine Gleichheit besteht, wird gern eine Formulierung mit dem Verb *gleichsetzen* benutzt:

B8 a) N und N sind nicht gleichzusetzen
b) N ist D nicht gleichzusetzen

7.4.1 Lexikalische Übung: Wortfamilien ergänzen

Aufgabe: Tragen Sie die dazugehörigen Verben, Adjektive und Partizipien in die Tabelle ein.

Substantiv	Verb	Adjektive, Partizipien
Identität	_____	_____
		_____ bar
Gleichheit	_____	_____
Vergleichbarkeit	_____	_____ bar
Entsprechung	_____	_____ d
Ähnlichkeit	_____	

Übereinstimmung	_____	_____ d
Äquivalenz (f.)		_____
Analogie		_____
Gleichsetzung	_____	
Parallele	_____ isieren	_____

Verwendungsbeispiele

B1 In Übereinstimmung mit dem Sprachgebrauch in der universitären Lehre gingen die Wissenschaftler um 1800 zur konsequenten Nutzung der deutschen Sprache auch für ihre Publikationen über.

B2 die politische Idee der abstrakten Gleichheit aller Bürger

B3 Gibt es eine Analogie zwischen dem Schauspiel und dem Leben?

B4 Die Einführung des Englischen als Wissenschaftssprache zeigt deutliche Parallelen zum Lateinischen.

(aus: Schiewe 1996, S. 286)

B5 Der Idealfall des Verstehens ist, „wenn das Gesagte und das Gemeinte übereinstimmen."

(aus: Oksaar 1985, S. 103)

7.4.2 Einsetzübung: „Japanische Schrift"

Aufgabe: Verwenden Sie Ausdrücke aus der lexikalischen Tabelle oben, um die Lücken zu füllen.

1. Traditionell wird Japanisch von oben nach unten in _____ Zeilen geschrieben.

2. Wegen ihrer Herkunft aus dem Chinesischen _____ die japanischen Kanji sehr stark den chinesischen Schriftzeichen. Die anfängliche _____ mit den chinesischen Zeichen ging aber allmählich verloren.

3. Chinesische Schriftzeichen waren ursprünglich Piktogramme. Sie

   _____ Symbolen zur Darstellung eines Gegen-

   standes.

4. Die japanischen Schriftsysteme Hiragana und Katakana weisen einige

   _____ / _____ auf, sind aber in ihrer

   Funktion nicht austauschbar.

5. Mit Hilfe eines Transkriptionssystems können japanische Texte

   einigermaßen _____ in die Lateinschrift übertragen

   werden.

7.5 Differenz, Differenzierung

Eine Differenz ist zunächst einmal ein Unterschied, qualitativ oder quantitativ, wahrnehmbar oder im Bereich des Wissens. Außerhalb der Wissenschaftssprache werden auch Meinungsunterschiede als Differenzen bezeichnet, in der AWS ist *Differenz* normalerweise sachbezogen. Es kann dann meist durch das deutsche Wort *Unterschied* ersetzt werden.

Das Substantiv *Differenzierung* (*Unterscheidung*) ist ebenfalls abgeleitet vom Verb *differenzieren*: trennen und unterscheiden. Wissenschaftssprachlich handelt es sich um eine theoretische Unterscheidung. Die zweite Bedeutung, manchmal auch mit dem Ausdruck *Ausdifferenzierung* verdeutlicht, bezieht sich auf Gegenstände und ihre Aufgliederung, ihre innere Struktur. Zum Beispiel kann man sagen: *Eine Stadt zeigt eine räumliche Differenzierung (Ausdifferenzierung).*

Das Adjektiv *differenziert* wird gern verwendet im Sinne von genau, detailliert, als Gegenbegriff zu *pauschal* und *oberflächlich*.

Fügungen

eine differenzierte Betrachtung / Darstellung
es gibt erhebliche Differenzen / Unterschiede zwischen D und D
zwischen den beiden D besteht eine Differenz / ein Unterschied
F nimmt eine Differenz ernst

Differenzen treten in den Vordergrund / Hintergrund

F arbeitet einen Unterschied / eine Differenz heraus

die Differenz zwischen den Messwerten ist für A ausschlaggebend

F legt Wert auf eine begriffliche Differenzierung zwischen D und D

bei D ist zwischen D und D zu differenzieren

die Differenzierung von D und D ist nützlich für A

im Rahmen des Ansatzes X ist eine Differenzierung von D und D nicht möglich

Verwendungsbeispiele

B1 „Eine Flexibilisierung des Arbeitsmarktes durch vermehrte Wahlmöglich-
keiten zwischen verschiedenen Arbeitsformen würde ... die Anpassungs-
prozesse zwischen der Auffächerung der verfügbaren Arbeitplätze nach
verschiedenen Kategorien und der Differenzierung der erwerbsfähigen
Bevölkerung nach unterschiedlichen Lebenslagen erleichtern."

(aus: Korpus Graefen, Fach Ökonomie)

B2 „Zum anderen kann die Kenntnis des japanischen Forschungstands zu einer
differenzierteren Berücksichtigung Japans in der Diskussion von Erfolgsbe-
dingungen von Politik führen".

(aus: Korpus Graefen, Fach Politikwissenschaft)

B3 „Mit Ehlich (1981) wird zwischen „sprachinternen" und „sprachexternen"
Zwecken" und ihren jeweiligen Mitteln differenziert."

(aus: Redder 1990, S. 7)

7.6 Übungen zum Vergleichen und Gegenüberstellen

7.6.1 Übung: Vergleich von Wortbedeutungen

Aufgabe: Vergleichen Sie die folgenden Wörter hinsichtlich ihrer Bedeutung miteinander. Verwenden Sie dabei die o.g. Formulierungen.

1. Feuerleiter und Betriebsleiter

2. Lesehunger und Bärenhunger

3. Röntgenapparat und Rasierapparat

4. Mitläufer und Überläufer

5. Parkbank und Commerzbank

7.6.2   Schreibübung: „Unterschiede zwischen mittelalterlicher und neuzeitlicher Universität"

Im Rahmen seiner Untersuchungen zur Universitätsgeschichte und Sprachgeschichte unterscheidet Jürgen Schiewe (1996) zwei Typen von Universität, die
mittelalterliche Universität und die neuzeitliche Universität. Die mittelalterliche
Universität beginnt sich gegen Ende des 17. Jahrhunderts aufzulösen; sie wird
im Laufe des 18. Jahrhunderts durch den zweiten Typus, die neuzeitliche Universität, ersetzt. Schiewe nimmt eine Gegenüberstellung der beiden Universitäts-
typen vor, und zwar bezogen auf die drei Merkmale wissenschaftlicher Denkstil,
gesellschaftliche Funktion, Lehr- und Wissenschaftssprache.

Aufgabe: Formulieren Sie anhand der Tabelle 1 einen zusammenhängenden Text,
in dem die Unterschiede zwischen der mittelalterlichen Universität und
der neuzeitlichen Universität erläutert werden. Verwenden Sie dabei die
o.g. Formulierungen zum Gegenüberstellen und Vergleichen.

	mittelalterliche Universität	neuzeitliche Universität (ab ca. 1700)
wissenschaftlicher Denkstil	Scholastik	Aufklärung, Rationalismus
	Tradierung des herkömmlichen Wissensbestandes autoritätsgebunden, feste Lehrnorm	Ziel: Wissenserweiterung Freiheit in Forschung und Lehre
	Wissenschaft ist vor allem Philologie, Textwissenschaft	Beobachtung und Experiment als neue Verfahren
	Praxisferne	Praxisnähe
	Theologie ist führende Wissenschaft	Enttheologisierung und Bedeutungsverlust der Philosophie
gesellschaftliche Funktion	rechtlich autonome Bildungsanstalt überstaatlicher Charakter	Bildungsanstalt unter staatlicher Kontrolle Landesuniversitäten (Regionalisierung)
	Bildungsideal: der Gelehrte	Bildungsideal: der adelige, weltgewandte Mensch nach französischem Vorbild

	geschlossener Wissen-schaftsbetrieb wenig berufsbezogen	offen, mit staatlich geregelter Zulassung und Prüfung stärker gezielte Berufs-ausbildung
Lehr- und Wissen-schaftssprache	ausschließlich Latein	Volkssprache (Deutsch in Deutschland)

Tabelle 1: Unterscheidende Merkmale zwischen mittelalterlicher und neuzeitlicher Universität (nach Schiewe 1996, vereinfacht)

7.6.3 Schreibübung: Grafikbeschreibung

Aufgabe: Beschreiben Sie die folgende Grafik zum Thema „Schlaflosigkeit" in einem zusammenhängenden Text (max. 200 Wörter). Gehen Sie dabei besonders auf die Unterschiede zwischen jüngeren und älteren Menschen sowie zwischen Männern und Frauen ein.

7.6.4 Schreibübung: „Unterschiede zwischen Referat und Seminararbeit"

Aufgabe: In der Tabelle finden Sie eine Gegenüberstellung von mündlichem Referat und schriftlicher Seminararbeit.
Formulieren Sie zunächst eine Einleitung, in der Sie den Leser über das Thema und den Gegenstand der Gegenüberstellung informieren.
Erläutern Sie dann die Gemeinsamkeiten und Unterschiede zwischen „Referat" und „Hausarbeit" in einem kurzen zusammenhängenden Text.
Verwenden Sie für Ihren Text die Formulierungen zu „Thematisierung, Kommentierung und Gliederung" und zum „Vergleichen und Gegenüberstellen".

	Referat	Seminararbeit
Autor	Student	Student
Adressat	Andere Studenten	Dozent / fiktive „scientific community"
Funktion	– Wissensvermittlung von Studierenden für Studierende – Üben mündlicher Präsentationsformen	– Übung zum wissenschaftlichen Schreiben – Vorbereitung auf das Schreiben von wissenschaftlichen Artikeln oder Monographien
Präsentationsformen	mündlich	schriftlich
Datenmaterial	Bezugnahme auf Sekundärliteratur	Bezugnahme auf Sekundärliteratur

8 Lexik und Stil

8.1 Sachlicher Stil

8.1.1 „Präsenz" des Autors im Text

Im Folgenden sollen zwei Wissenschaftler zu Wort kommen, die Beobachtungen und Empfehlungen zur „Präsenz" des Autors im wissenschaftlichen Text formulieren.

Ich oder wir? Muß man in der Arbeit die eigenen Auffassungen in der ersten Person bringen? Muß man sagen: „Ich bin der Auffassung, daß ..."? Einige halten es für wissenschaftlich aufrichtiger, so zu verfahren, als den „pluralis maiestatis" zu gebrauchen. Ich würde das nicht sagen. Man sagt „wir", weil man davon ausgeht, daß eine Feststellung von den Lesern geteilt werden kann. Schreiben ist ein Akt der Mitteilung. Ich schreibe, damit du, der du liest, das akzeptierst, was ich vorschlage. Allenfalls kann man versuchen, Personalpronomen ganz zu vermeiden, indem man auf unpersönliche Ausdrücke ausweicht wie: „Man muß also zu dem Schluß kommen, daß; es erscheint nunmehr erhärtet, daß; man müßte hier sagen, es ist denkbar, daß; daraus ist zu folgern, daß; prüft man diese Ausführungen, so ergibt sich, daß", etc. Man muß weder „Der Aufsatz, den ich oben zitiert habe" schreiben noch: „Der Aufsatz, den wir oben zitiert haben", wenn „der oben zitierte Aufsatz" ausreicht. Aber ich meine, man kann durchaus schreiben: „Der oben zitierte Aufsatz zeigt uns", weil ein solcher Ausdruck der wissenschaftlichen Diskussion nichts von ihrer Objektivität nimmt.

(aus: Eco 2000, S. 195)

Es ist heutzutage zwar nicht verboten, aber doch verpönt, einen Fachtext in der Ich-Form zu schreiben. In älteren Texten erscheinen Autor oder Autorin häufig noch als Individuen, die ihre Forschungsergebnisse präsentieren und für sie eintreten. Forschung war auch eine persönliche Angelegenheit. Inzwischen aber hat sich die Vorstellung weitgehend durchgesetzt, dass Forschung ‚objektiv' ist (und sein muss). Es geht mir hier nicht darum, ob diese Vorstellung richtig oder falsch ist, aber sie hat zu dem Bedürfnis geführt, die Objektivität der Wissenschaft auch durch eine sachliche Sprache zu demonstrieren. Ein Aspekt dieser Sachlichkeit ist die Zurücknahme des Individuellen in den Publikationen. Man schreibt nicht mehr „meine Messungen zeigen ..." sondern „die Messungen zeigen", nicht mehr „wir halten die Schlussfolgerungen für ungerechtfertigt ..." sondern „die Schlussfolgerungen werden für ungerechtfertigt gehalten"; anstelle von „ich interpretiere ..." steht „der Autor interpretiert ...". Diese Veränderungen sind sprachunabhängig; sie fanden im Englischen und im Deutschen statt und vermutlich auch in anderen Sprachen.

(aus: Kruhl 2002, S. 8)

8.1.2   Der Autor als Sprecher kommentiert den Text

Auch wenn Harald Weinrich (1989) die geringe Häufigkeit der Verwendung von Ichformen im wissenschaftlichen Text mit einem „Ich-Verbot" erklärt, gibt es durchaus Stellen im Text, in denen ihre Verwendung funktional ist. Wie schon in Kap. 3 gezeigt, verwenden deutsche Autoren vor allem in der Textkommentierung häufig das Sprecher-*Ich*. So kommen beispielsweise in dem sozialwissenschaftlichen Artikel in Kap. 5.1.4 häufig Äußerungen dieses Typs vor:

B1   „Zuerst möchte ich die theoretischen Beiträge interkultureller Studien zur Ethnomedizin und dann die zur medizinischen Ökologie behandeln. Die Beiträge zur Ethnomedizin teile ich in solche, die ..."

(aus: Korpus Graefen, Fach Ethnologie)

Auch dann, wenn ein Autor über eine von ihm durchgeführte Untersuchung, Befragung oder ein Experiment berichtet, verwendet er oft entweder die *ich*-Form oder aber die *wir*-Form, wenn er zu einer Gruppe von Wissenschaftlern gehört.

Außerdem gibt es noch eine Verwendung von *wir*, die Autor und Leser als „Sprechergruppe" umfasst. Sie kommt besonders häufig in Vorträgen vor, aber in ähnlicher Weise auch in Texten. Dazu ein Beispiel aus einem physikalischen Fachartikel mit mathematischen Formeln:

B2   „In Anlehnung an die Idee von Toutenburg wollen wir nun eine positive definite [Formel] Matrix und einen Vektor [Formel] so bestimmen, daß das Ellipsoid (1-7) ein gegebenes Polyeder (1-8) mit minimalem Volumen umschreibt. Da bekanntlich [Formel](5) (2-1) gilt, lautet unsere Aufgabe, ..."

(aus: Korpus Graefen, Fach Akustische Physik)

8.1.3   „Meines Erachtens"

Viel seltener als im öffentlichen Sprachgebrauch kommt auch in wissenschaftlichen Texten oder Vorträgen eine persönlich ‚gefärbte' und dadurch abgeschwächte Formulierung dieses Typs vor. Insgesamt gehören diese Formeln zum vorsichtig-distanzierten Sprech- und Schreibstil (vgl. auch Kap. 8.5).

Es gibt hierfür folgende feste Fügungen:

meiner Auffassung nach / nach meiner Auffassung
unserer Auffassung nach / nach unserer Auffassung
meiner Ansicht nach
meines Erachtens (auch: m.E.) / unseres Erachtens (auch: u.E.)
eher selten: meiner Meinung nach
               in meinen Augen
               meiner Kenntnis nach

Verwendungsbeispiel

B1   Für die tägliche Praxis vieler Juristen haben sich Stilbücher bewährt. „Meines Erachtens sind sie ein Raster zur Übung des besseren Stils..."

(aus: Oksaar 1985, 111)

8.2 Stilformen und Stilwandel

Die Darstellung wissenschaftlicher Erkenntnisse variiert nicht nur von Kultur-raum zu Kulturraum und von Sprache zu Sprache, sie ist auch innerhalb eines Kulturraums und einer Sprache von Wandlungen gekennzeichnet. Dies rührt daher, dass sich im Laufe der Jahrhunderte nicht nur der Begriff und der Um-fang von Wissenschaft, also der Inhalt und die Anzahl wissenschaftlicher Diszi-plinen, verändern, sondern auch die Sprache einem geschichtlichen Wandel unterworfen ist.

(aus: Schiewe 2007, S. 32)

An mehreren Textbeispielen sollen in diesem Kapitel Unterschiede im Schreib-stil von Wissenschaftlern gezeigt werden. Bestimmte Ausdrucks- und Stilfor-men sind Ergebnisse eines historischen Stilwandels. Nach Konrad Ehlich gibt es eine „besonders intensive Beziehung zwischen deutscher Wissenschaftssprache und deutscher Philosophie des 18. und 19. Jahrhunderts" (1993, S. 45). Ein typi-scher Ausdruck aus dieser Zeit, etwa im Sinne von *Begriff,* ist: *das Wesen (der Sache).* Getrennt davon entwickelte sich im 19. Jh. eine Darstellungsform, die dem literarischen Erzählstil ähnlich war. Ein zeitweise berühmtes Beispiel dafür sind die Schriften zur Psychoanalyse von Sigmund Freud (siehe Beispiel unten). Textbeispiel 4 ist ein satirisch gemeinter Buchauszug, der eine bestimmte Schreibtradition konservativer Wissenschaftsvertreter vor dem Zweiten Welt-krieg karikiert.

Die philosophische Sprache hat also gewisse Spuren hinterlassen. Seit dem 2. Weltkrieg haben sich vor allem in den Geistes- und Sozialwissenschaften Verän-derungen ergeben, die viele Gründe haben, unter anderem den Einfluss englisch-amerikanischer Vorbilder. Die Textbeispiele 2 und 3 sollen die Entwicklung durch die Stilkommentare verdeutlichen. Es gibt anscheinend eine Tendenz zur Verdrängung philosophischer oder traditionell wirkender Stilelemente. Statt des-sen sind Ausdrücke, die der Mathematik entstammen, häufiger geworden (*Funk-tion, Variable, Faktor*). Es lässt sich eine Art Stilwandel beobachten. Allerdings: Der wissenschaftliche Stil „ist konservativ, und seine Normen sind gegenüber Moden und Innovationen resistenter als etwa Presse und Journalismus, wo allein schon kommerzielle Faktoren die Autoren zwingen, auf die Wünsche ihres Pub-likums einzugehen." (Mair 2007, S. 182)

8.2.1 Textauszug 1 von Sigmund Freud: „Der Witz und seine Beziehung zum Unbewußten"

Die Gesamtheit der umwandelnden Vorgänge nenne ich die Traumarbeit, und als ein Stück dieser Traumarbeit habe ich einen Verdichtungsvorgang beschrieben, der mit dem der Witztechnik die größte Ähnlichkeit zeigt, wie dieser zur Verkürzung führt und Ersatzbildungen von gleichem Charakter schafft. Jedem werden aus eigener Erinnerung an seine Träume die Mischgebilde von Personen und auch von Objekten bekannt sein, die in den Träumen auftreten; ja, der Traum bildet auch solche von Worten, die sich dann in der Analyse zerlegen lassen (z.B. ...) [...] Wir können nicht bezweifeln, daß wir hier wie dort den nämlichen psychischen Prozeß vor uns haben, den wir an den identischen Leistungen erkennen dürfen. Eine so weitgehende Analogie der Witztechnik mit der Traumarbeit wird gewiß unser Interesse für die erstere steigern und die Erwartung in uns rege machen, aus einem Vergleich von Witz und Traum manches zur Aufklärung des Witzes zu ziehen.   (aus: Freud 1940/2009, S. 44f.)

8.2.2 Textauszug 2 von Theodor W. Adorno: „Erziehung nach Auschwitz"

Theodor W. Adorno gehört einer Schule an, die im Rahmen des sog. „Positivismusstreits" in den 60er Jahren mit einer Debatte über die Methoden der Sozialwissenschaften und über die Rolle von „Werturteilen" in der Wissenschaft hervortrat. Um stilistische Besonderheiten zu verdeutlichen, wird der Textauszug unten zeilenweise kommentiert.

1   Die Forderung, daß Auschwitz nicht noch einmal sei, ist die allererste an
2   Erziehung. Sie geht so sehr jeglicher anderen voran, daß ich weder glau-
3   be, sie begründen zu müssen noch zu sollen. Ich kann nicht verstehen,
4   daß man mit ihr bis heute so wenig sich abgegeben hat. Sie zu begründen
5   hätte etwas Ungeheuerliches angesichts des Ungeheuerlichen, das sich
6   zutrug. Daß man aber die Forderung, und was sie an Fragen aufwirft,
7   so wenig sich bewußt macht, zeigt, daß das Ungeheuerliche nicht in die
8   Menschen eingedrungen ist. Symptom dessen, daß die Möglichkeit der
9   Wiederholung, was den Bewußtseins- und Unbewußtseinsstand der Men-
10 schen anlangt, fortbesteht. Jede Debatte über Erziehungsideale ist nichtig
11 und gleichgültig diesem einen gegenüber, daß Auschwitz nicht sich wie-
12 derhole. Es war die Barbarei, gegen die alle Erziehung geht.

(aus: Adorno 1966/1972, S. 188)

Stilbezogene Erläuterungen

Zeile 1: „daß Auschwitz nicht noch einmal sei" ist keine neutral-sachliche Formulierung. Der Name des Konzentrationslagers Auschwitz steht symbolisch für die nationalsozialistische Judenvernichtung. Die symbolische Redeweise vermeidet die direkte Benennung der Tatsachen, darin deutet sich die Betroffenheit des Autors an. Das Verb *sein* wird hier als Existenzverb gebraucht, wie es in philosophischen Texten üblich ist. Der Gebrauch des Konjunktiv I (*sei*) als Wunschäußerung ist eine traditionelle Stilform. Die „allererste" Forderung ist die wichtigste: die Abfolge *erster – zweiter* etc. ist hier nicht zeitlich, sondern als Rang zu verstehen.

Zeilen 2/3: Auch das Verb „vorangehen" vermischt zeitliche Folge und Rangfolge, verstärkt mit „so sehr", was bei *vorangehen* unlogisch erscheint. Die Ablehnung einer Begründung mit zwei Modalverben *weder müssen noch sollen* ergibt sich nicht aus wissenschaftlicher Exaktheit, sondern ist ein weiteres Stilmittel zur Unterstreichung der Wichtigkeit der Forderung von Zeile 1. In dieser wie in der folgenden Zeile spricht der Autor in der Ichform und bringt bewusst seine Person und seine Auffassungen in den Text hinein.

Zeile 4: Das Verb *sich abgeben* mit klingt beinahe alltäglich, fast unwissenschaftlich. Aber durch die ungewöhnliche Wortstellung und die Position des Reflexivpronomens *sich* fast am Satzende bringt Adorno auch hier eine (für ihn typische) stilistische Variation ins Spiel, die eine Distanz zur Alltagssprache ausdrückt.

Zeilen 5/6: Der Gedanke der nicht begründungspflichtigen Forderung wird weiter verfolgt. Der Autor benutzt zweimal das Nomen „Ungeheuerliches" mit verschiedenem Bezug. Der Ausdruck ist stark gefühlsbeladen und negativ bewertend. Was genau gemeint ist, wird wieder nicht ausgesprochen, nur angedeutet (die Taten der Nationalsozialisten). Das Verb *sich zutragen* gehört stilistisch nicht zur Wissenschaftssprache, eher zu einer Erzählung.

Zeilen 6-8: Durch das anonyme *man* und durch „so wenig" distanziert der Autor sich von den Deutschen, die das Unrecht nicht in sich „eindringen" ließen. Das Verb ist nicht sachlich, sondern psychologisch gemeint. Indem der Autor ein drittes Mal den Ausdruck „Ungeheuerliches" wiederholt, benutzt er ein rhetorisches Mittel, das durch die Wiederholung besonderen Eindruck beim Leser erwecken soll.

Zeilen 8/9: Mit dem Ausdruck „Symptom" deutet der Autor einen medizinisch-psychologischen Krankheitsfall an. Es geht um seine Annahme, dass die meisten Deutschen die Taten der Nazis vergessen haben und daher – wie bei einer Krankheit – die Möglichkeit des Rückfalls („Wiederholung") besteht. Für diese Beschuldigung und zugleich Entschuldigung (Krankheit) erfindet der Autor ein neues Wort: *Unbewußtseinsstand*.

Zeilen 10/11: Die Adjektive *nichtig* und *gleichgültig* sind als Kennzeichnung einer Debatte ebenfalls nicht sachlich (Juristen kennen auch eine fachinterne Bedeutung von *nichtig*). Der Autor will mit ihnen seine radikal negative Bewertung ausdrücken.

Zeilen 11/12: Die Formulierung „diesem einen gegenüber" bringt eine starke Hervorhebung zum Ausdruck. Mit „Auschwitz" wird dasselbe Symbol wie oben noch einmal verwendet und mit dem Prädikat „Barbarei" erzielt der Autor noch einmal eine Steigerung in seiner negativen Bewertung.

8.2.3 Textauszug 3 von Wodak / Feistritzer:
„Sprachliche Gleichbehandlung von Frau und Mann"

Einführung

Ruth Wodak

Sprache dient den Menschen nicht nur als Kommunikationsmittel, sondern
vermittelt auch maßgeblich unsere Weltanschauung und trägt so zur Bildung
unserer sozialen und psychosozialen Identität bei. Wie eine Sprache aufgebaut
ist, wie sie sich über Jahrhunderte hinweg entwickelt, ist nicht dem Zufall über-
lassen, sondern hängt wesentlich von den sozialen Bedingungen der Menschen,
die diese Sprache sprechen, ab. Das Verhältnis zwischen Sprache und Gesellschaft ist folglich als ein in ständiger Wechselbeziehung stehendes zu begrei-
fen. Sprache wird von Menschen, die in bestimmten gesellschaftlichen Verhält-
nissen leben, entwickelt, widerspiegelt diese gesellschaftlichen Strukturen.
Gleichzeitig aber wirken die sprachlichen Strukturen in Form von Weltbildern
und Ideologien auf die Individuen, die sie entwickeln, benützen und verändern,
wieder zurück.

Sprachgeschichte

Der Zusammenhang von Sprache und Gesellschaft läßt sich sprachgeschichtlich
am eindrucksvollsten im Bereich des Wortschatzes (Lexik) nachvollziehen. So
fehlen in Gesellschaften, die keine Kriege kennen, Bezeichnungen für „Krieg"
und alle damit verbundenen Inhalte und Gegenstände, während kriegerische
Gesellschaften (wie z.b. die Germanen) einen sehr regen Wortschatz dafür entwickelten (der versteckt noch in vielen unserer Eigennamen weiterlebt). Solan-
ge auch z.b. die Germanen ihre Mahlzeiten am Boden hockend zu sich nahmen,
kannten bzw. benötigten sie kein Wort für „Tisch", auch Bezeichnungen für die
verschiedensten Getreidesorten traten erst auf, als Ackerbau auch tatsächlich
betrieben wurde. Anhand derartiger Beispiele ist die Beziehung zwischen
Gesellschaftsstruktur und Sprache unmittelbar einsichtig.

Auch die Organisation der gesellschaftlichen Beziehung zwischen Frauen und
Männern findet sprachlich ihren Niederschlag. So ist z.b. in einer Gesellschaft,
die patrilokal (d.h. die Frau folgt bei der Eheschließung dem Mann in seine Sip-
pe oder Familie) organisiert ist, die Familie der Frau bedeutungslos und daher
für die (sprachliche) Realität nicht vorhanden. Entsprechend gibt es zwar indo-
germanische Wortgleichungen für „Schwiegertochter" und „Witwe", nicht aber
für „Schwiegersohn" und „Witwer". Ebenso fehlte dem Wort „Braut" lange Zeit
die männliche Entsprechung. „Bräutigam" und „Witwer" sind Ableitungen jüngeren Datums ...
Sprache reflektiert und konstituiert also gesellschaftliche Verhältnisse und ist
folglich, wie die Gesellschaft, Veränderungen unterworfen.

(aus: Wodak / Feistritzer et al. 1987)

Stilbezogene Erläuterungen

Kennzeichnend für den moderneren Stil ist das Bemühen um Sachlichkeit und
Distanz in der Beschreibung. Ein erzählender Stil ist nicht mehr „erlaubt", un-

sachliche und emotionale Ausdrücke gelten als unwissenschaftlich. Aber das Autoren-Ich hat dennoch seinen Platz in der Wissenschaftssprache (siehe Kap. 8.1.). Fachausdrücke wie „patrilokal" werden von manchen Autoren für fachfremde Leser erklärt.

Soweit deutsche Autoren englischen oder amerikanischen Vorbildern folgen, reduzieren sie die Verwendung des Passivs. Dennoch ist die Informationsdichte oft sehr groß, vor allem durch die nominalen Wortgruppen (siehe Kap. 8.6.) und die Verwendung von Ersatzformen des Passivs (vgl. 8.4.).

8.2.4 Textauszug 4 von Wunderlich:
Eine Festrede als Wissenschaftssatire

Wissenschaft als Zitat

(Festrede zur Eröffnung des Instituts für Zitierbetriebswirtschaft (IZB) an der Universität Bielefeld am 16. März 1989)

Gregor Ableiter

Verehrte Frau Prof. Wirrlein, liebe Kollegen,

der Anlaß, der uns heute hier vereint, hat historische Dimension. Mit der Gründung des Instituts für Zitierbetriebswirtschaft (IZB) an der Universität Bielefeld wird eine Lücke geschlossen, die viele Wissenschaftler schon seit Jahren schmerzlich empfunden haben: Trotz ihrer eminenten Bedeutung für den Wissenschaftsbetrieb fehlte der Zitatologie eine Heimstätte. Der allgemein blühende Zitierbetrieb an den deutschen Hochschulen, in den Instituten und Gelehrtenstuben entbehrte so letztlich der ordnenden Hand.

De facto ist die Zitatologie ja so alt wie der Wissenschaftsbetrieb selbst. Schon Duns Scotus sprach 1279 von dem furor zitandi[*] der deutschen Thomisten. Ist es nicht ein erhebender Gedanke, daß die modernste banalwissenschaftliche Veröffentlichung des Jahres 1993 durch eine ununterbrochene Kette der Zitatenfolge mit den Scholasten des Mittelalters verbunden ist? Verzeihen Sie mir den vielleicht etwas gewagten Vergleich mit Schnitzlers „Reigen", aber er drängt sich geradezu auf: Hier wie dort wird Kontinuität gewahrt!

Prof. Johann B. Deutend ist in seinem richtungsweisenden Werk „Zitat als Wissenschaft" eine deutologische Fundierung der Zitatologie gelungen. Er begreift Wissenschaft als Zitat der Wirklichkeit, und er weist damit dem Zitat in der Wissenschaft eine moralisch-hermeneutische Zentralfunktion zu. Das Zitat wird ihm zum Eigentlichen, auf das sich Wissenschaft bezieht, er spricht von der „zitatzentrierten Wissenschaft". In Abwandlung des bekannten Spruchs „The medium is the message" postuliert er: „Das Zitat ist die Wissenschaft". Ohne Zitat keine Wissenschaft, während sich sehr wohl ein Zitat ohne Wissenschaft denken läßt.

[*] furor zitandi: Zitierwut

(aus: Wunderlich 1993, S. 131)

8.2.5 Schreibübung und Textanalyse: Stilelemente feststellen

Aufgabe: Lesen Sie Text 4 und beantworten Sie schriftlich die Frage, wogegen sich diese Satire richtet. Die „Festrede" ist in einem sehr traditionellen Stil geschrieben. Unterstreichen Sie die Ausdrücke und Fügungen, die Ihnen als traditionell oder veraltet erscheinen.

8.2.6 Lexikalische Übung zu Text 3

Aufgabe: Vervollständigen Sie die Sätze entsprechend der Textvorlage 3 oben oder finden Sie Paraphrasen, die sinngemäß der Textvorlage entsprechen.

1. N dient _____ Mittel _____ D / _____ A

2. Sprache ist wichtig für die Entstehung einer sozialen Identität, d.h.

   sie _____ _____ einer sozialen Identität bei.

3. jahrhundertelang = _____

4. Sprache hängt von der Gesellschaft ab: die Gesellschaft

   _____ die Sprache zumindest teilweise. Anders gesagt:

   Sprache und Gesellschaft stehen in einer _____ .

5. Die Struktur der Sprache _____ die Struktur der

   Gesellschaft _____ .

6. Eine bestimmte Struktur der Gesellschaft kann auf die Sprache

   _____ und umgekehrt.

7. Der Zusammenhang von D und D ist gut _____ ,

   am _____ im Bereich der Sprachgeschichte.

8. Die Beziehung wird einsichtig _____ eines Beispiels.

9. Die Beziehung zwischen Frauen und Männern findet in der Sprache

einen deutlichen _____.

10. „Work" ist die englische _____ zu deutsch „Arbeit".

8.3 Zitat, Wiedergabe und Paraphrase

In geistes- und sozialwissenschaftlichen, auch in juristischen Texten wird deutlich häufiger zitiert und wiedergegeben als in naturwissenschaftlichen oder medizinischen Texten. Die erstgenannte Fächergruppe basiert insgesamt stärker auf Texten. Die Verwendung von veröffentlichten Erkenntnissen anderer Autoren im eigenen Text kann verschiedene Funktionen haben. Sie dient vor allem

- der Einführung von Begriffen,
- der Beschreibung des jeweiligen Forschungsstandes,
- der Darstellung des Gegenstands,
- dem Aufbau der eigenen Argumentation, entweder als stützendes Wissen oder als Beleg, wenn Mängel, Defizite oder Irrtümer der Forschung angesprochen werden und kritisiert werden sollen.

Im Allgemeinen wird versucht, die Menge der wörtlichen Zitate stark zu begrenzen auf wesentliche und besonders aussagekräftige Textstellen. Deutlich größer ist die Menge der wiedergegebenen Textstellen, also der Paraphrasen oder der referierenden Inhaltsangaben.

8.3.1 Paraphrase (Wiedergabe) mit argumentativer Einstufung

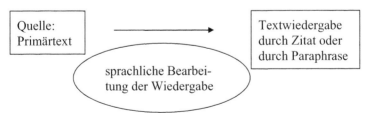

Sowohl bei der Textwiedergabe im Referat als auch in der schriftlichen Arbeit werden Paraphrasen verwendet, also nicht wörtliche Wiedergaben von Aussagen aus der wissenschaftlichen Literatur. Durch die sprachliche Bearbeitung der Wiedergabe wird oft auch eine Einstufung und evtl. eine Bewertung des Primärtextes bzw. der Inhalte vorgenommen. Der Sprecher oder Schreiber zeigt dem Leser dadurch seine Einschätzung des Inhalts.

Die einleitenden Formulierungen der Paraphrase sind also wichtig, da der Autor durch sie den Inhalt neutral oder gewichtend wiedergeben kann. So gibt die Einbettung der Wiedergabe mit Ausdrücken der Wortfamilie *meinen / Meinung* dem Gesagten den Charakter der Subjektivität. Wird eine Textstelle als *Behauptung* gekennzeichnet, gelten die Äußerungen des Primärautors als wissenschaftlich nicht belegt und strittig. Im Folgenden sind einige charakteristische Verben und Fügungen zur Einleitung der Redewiedergabe aufgeführt.

- **Wiedergabe mit argumentativer Einstufung**
  (ohne und mit Literaturbeleg)

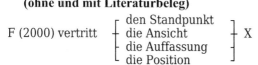

F (2000) vertritt ⎰ den Standpunkt / die Ansicht / die Auffassung / die Position ⎱ X

nach (der) Ansicht / (der) Meinung von F
F gelangt / gelangte zu der Ansicht / Überzeugung, dass ...
F ist der Ansicht / Auffassung / Überzeugung
F meint, dass ...
F hält A fest
F geht von D aus
nach Ansicht von F (2000) handelt es sich bei X um ...
im Hinblick auf A ist F der Auffassung von Müller (1999), wonach ...
gegen den sozialwissenschaftlichen Ansatz hält F (2000) fest, dass ...
bei der Beurteilung von D geht F davon aus, dass ... (2000, 20)

- **Gewichtende Wiedergabe (ohne und mit Literaturbeleg)**

Der Verfasser kennzeichnet mit diesen Verben, ob das Zitierte vom Primärautor als wichtig bzw. weniger wichtig eingestuft wird.

Einstufung als wichtig:
F betont A
F hebt A hervor
F stellt A heraus
F unterstreicht A
F bekräftigt A
F stellt A in den Mittelpunkt

Einstufung als weniger wichtig:
F bemerkt A
F erwähnt A

Beispiele

F (2000: 25) betont besonders den Aspekt X
bei der Behandlung von D hebt F hervor, dass ... (2000, 25)
F (2000) unterstreicht besonders den Sachverhalt X
der Sachverhalt X wird auch von F unterstrichen / bekräftigt (vgl. 2000: 25)
F bemerkt / erwähnt in diesem Zusammenhang auch, dass ... (2000, 25)

- **Wiedergabe mit dem Hinweis auf die wissenschaftliche Tätigkeit (ohne und mit Literaturbeleg)**

F untersucht / behandelt / betrachtet A
F befasst sich mit D / beschäftigt sich mit D
F setzt sich mit D auseinander
F geht der Frage nach, ob ... / warum ...
F untersucht in seiner ersten Publikation (2000) vor allem A
in dieser Publikation (2000) beschäftigt / befasst er sich auch mit D
in F (2000) wird N behandelt / betrachtet
in seinem Artikel (2000) geht er auch der Frage nach, weshalb / wie ...
mit diesem Problem setzt sich auch F (2000) auseinander

8.3.2 Implizite und explizite Beurteilung oder Bewertung

Im Folgenden ist durch Kursivdruck markiert, welche Ausdrücke für die positive Bewertung (als richtig) oder für die negative Bewertung (als unrichtig) einer Theorie oder Aussage verantwortlich sind.

gegen A macht F *zu Recht* geltend, dass ...
F kommt wegen D zu dem *Schluss* / zu der *Schlussfolgerung*, dass ...
bereits F hat A *entdeckt* / *herausgefunden*
seit ... *liegt die Erkenntnis vor*, dass ...
das Problem N gilt seit ... als *geklärt* / ist *geklärt*
N hat sich *gezeigt* / *herausgestellt* / *ergeben*
eine genauere Betrachtung *erweist*, dass ...

eine Theorie hat
    ⎡ *Schwächen*
    ⎨ *Defizite*
    ⎣ *Schwachpunkte*

eine Annahme
    ⎡ ist *plausibel* / gut *nachvollziehbar*
    ⎢ ist *selbstverständlich*
    ⎢ ist (wirkt) *unklar, vereinfachend*
    ⎣ ist eine *Illusion*

8.3.3 Übung zur Textanalyse: Bewertung durch die Einleitung der Redewiedergabe

Aufgabe: Überlegen Sie an dem Textbeispiel des Soziologen Ulrich Beck, wie die verschiedenen Arten der Einleitung der Redewiedergabe (unter dem Text) die Aufnahme des Primärtexts durch den Leser beeinflussen.

Primärtext:

Die global agierende Wirtschaft untergräbt die Grundlagen der Nationalökonomie und der Nationalstaaten. Dadurch wird eine Subpolitisierung völlig neuen Ausmaßes und mit unabsehbaren Folgen ausgelöst. Es geht [für das Kapital]

darum, in einer neuen Runde den alten Widersacher „Arbeit" elegant auf das
historische Abstellgleis zu schieben; aber auch und vor allem darum, dem „ide-
ellen Gesamtkapitalisten", wie Marx den Staat nannte, gleichsam zu kündigen;
also sich aus den Klammern von Arbeit und Staat, wie sie im 19. und 20. Jahrhundert entstanden sind, zu befreien.

(aus: Beck 1998, S. 14)

Wiedergabemöglichkeiten (Beispiele)

A   Beck (1998, S. 14) *vertritt die These*, dass die Globalisierung die Grundlagen der Staaten zerstört.

B   Beck (1998, S. 14) *behauptet*, die Globalisierung der Wirtschaft *laufe*
letztlich auf eine ‚Kündigung' gegenüber dem bisherigen Nationalstaat
hinaus.

C   Angesichts der heutigen Folgen der Globalisierung *wagt Beck die Prog-
nose* eines Zerfalls der Nationalstaaten (Beck 1998, S. 14).

D   Beck (1998) *ist einer der wenigen, die erkannt haben*, dass die Globalisierung langfristig sehr schädliche Auswirkungen haben wird.

E   Im Hinblick auf die Risiken der Globalisierung *geht Beck so weit*, einen
Zerfall der Nationalstaaten *vorauszusagen* (Beck 1998, S. 14).

F   U. Beck *analysiert präzise*, wie die „global agierende Wirtschaft ... die
Grundlagen der Nationalökonomie und der Nationalstaaten (untergräbt)"
(1998, S. 14), mit „unabsehbaren Folgen" sowohl für die Staaten als auch
für nationale Arbeiterschaften.

G   Ulrich Beck *ist ein Befürworter der pessimistischen Sichtweise* der Globalisierung, die *angeblich* die nationalen Grundlagen zerstört (vgl. Beck
1998).

8.3.4   Welche Rolle spielt der Konjunktiv I bei der Wiedergabe?

Für die Wiedergabe eines wissenschaftlichen Textes wird selten der Konjunktiv
I verwendet, der deutlich häufiger in Zeitungsberichten vorkommt. Da in einem
wissenschaftlichen Text meist andere „Signale" für die Wiedergabe vorhanden
sind, weiß der Leser normalerweise, dass wiedergegeben wird. In einem Wie-
dergabesatz wie oben (Kap. 8.3.3): *„Beck behauptet, dass ..."* kann der Konjunktiv zusätzlich als deutlicher Hinweis auf eine inhaltliche Distanzierung des
Autors benutzt werden. Dazu ein anderes Verwendungsbeispiel, bei dem der
Autor kritische Distanz zum Wiedergegebenen verdeutlichen will:

B1   „So fragt Roth (1979): „Was ist typisch deutsch?". Ein besonders für ameri-
kanische LernerInnen des Deutschen entwickeltes Arbeitsbuch von Behal-
Thompson/Mog behandelt unter der Frage „Typisch deutsch?" Aspekte

deutscher Mentalität. Die Frage nach dem, was denn „typisch deutsch" *sei*, beschäftigt Forscher, die sich um das „Deutschlandbild" bemühen ..."

(aus: Ehlich 1999, S. 283)

Dadurch, dass der Konjunktiv so selten in der Paraphrase (Wiedergabe) verwendet wird, ist bei einer längeren Paraphrase keine genaue Trennung zwischen den Gedanken des Primär- und des Sekundärautors möglich, was manchmal – wegen der Gefahr von Plagiaten – als Problem gesehen wird:

„Der weit verbreitete Verzicht auf den Konjunktiv als Zitationsmarker erschwert dem Rezipienten, zwischen der gedanklichen Leistung des referierten Autors und der des referierenden Autors zu unterscheiden." (Jakobs 1997, S. 162 f.)

Diese Trennung ist allerdings sowieso kaum möglich, weil bei der Wiedergabe, wie wir gesehen haben, fast immer Momente der Deutung und der Bewertung ins Spiel kommen. Eine präzise Trennung der „Leistungen" gelingt dann nicht.

8.3.5 Übung: Konjunktivform des Verbs beurteilen

Aufgabe: Überprüfen Sie die folgenden Sätze daraufhin, ob die Konjunktivform des Verbs nötig ist. Formulieren Sie gegebenenfalls Verbesserungsvorschläge.

1. „Laut traditioneller Aussage der Schulgrammatik sei der Satz ein selbständiger ... Satz oder Teilsatz."

2. Die Autoren „behaupten, dass die konzeptuelle Seite eines Satzes ein Ereignis ausdrücke. Ein typischer Satz enthalte, ihrer Meinung nach, ein Ereignis mit mindestens einem Teilnehmer und bezeichne zudem eine Handlung."

3. „Seiner Meinung nach bestehe eine erfolgreich abgeschlossene Verhandlung aus ..."

8.3.6 Übung: Studentische Produktionen beurteilen / verbessern

Aufgabe: Verbessern Sie die missglückten Formulierungen.

1. Über die Eigenschaften von Metaphern „gibt es ... verschiedene Meinungen."

2. „Platons Ansichten nach bringt uns dieses Wissen nichts ..."

3. „Schon Wilhelm von Humboldt vertrat die Ansicht, daß Sprachen nicht nur der Bezeichnung von Gegenständen dienen."

4. „Das Buch von Christian Lehmann ... versucht, eine allgemeine Theorie der ... darzustellen ..."

5. F lehnt die Kriterien A und B ab; Kriterium C ist daher akzeptabel.

6. Nun werde ich die Beschreibung von F aufzeigen.

7. „Damit ist in gewissem Maße bewiesen, dass ..."

8. „Der Lernpsychologe Reichen geht klar auf die Problematik Legasthenie und Analphabetismus ein. ... In diesem Zusammenhang prangert Reichen die Sichtweise unserer Gesellschaft auf Analphabetismus als „kein lernpsychologisches oder didaktisches Problem, sondern ein sozialpsychologisches" an."

8.4 Aktiv und Passiv

8.4.1 Warum so oft Passiv?

Passivsätze haben für bestimmte sachlich-informative Sprechhandlungen einen Vorteil gegenüber Aktivsätzen.

Beispiele zum Vergleich

1. Originalzitat (Oksaar 1985, S. 11)
   „Das Sprachgefühl für die wissenschaftliche Sprache muß genauso wie für die Sprache des Alltags sensibilisiert werden."

2. Umsetzung in einen Aktiv-Satz (nicht eindeutig):
   a) Wir müssen unser Sprachgefühl für die wissenschaftliche Sprache genauso wie für die Sprache des Alltags sensibilisieren.
   b) Man muss das Sprachgefühl für die wissenschaftliche Sprache genauso wie für die Sprache des Alltags sensibilisieren.

Was leistet das Passiv hier?

–   Ein Gegenstand oder Sachverhalt steht im Vordergrund, weil er grammatisches Subjekt ist.

–   Auch wenn von Handlungen die Rede ist, kann die Person des Handelnden ‚ausgeblendet' werden, da sie nicht angesprochen wird. Die Aussage bekommt dadurch einen höheren Grad der Allgemeinheit.

8.4.2 Weitere Beispiele für gut gewähltes Passiv

Die Verwendung des Passivs ist Bestandteil eines wissenschaftlichen Schreibstils. Zum Teil kann man verbreitete Vorlieben für bestimmte Formulierungen erkennen. Manche Formulierungsmuster kommen sehr häufig vor und wirken formelhaft. Die folgenden Beispiele zeigen charakteristische und gut geeignete Passiv-Verwendungen:

B1   „Als Basis für ein solches Auswahlverfahren wurden die Untersuchungen
      von Erk zugrundelegt."

Erläuterung:

Der Autor beschreibt seine Vorgehensweise „neutral", er orientiert sich an üblichen Vorgehensweisen.

B2   Als Studienvoraussetzung wird die Beherrschung der allgemeinen Wissen-
      schaftssprache verlangt.

Hier wird eine allgemeine Aussage über eine Norm gemacht.

B3   In den meisten Studien zum Thema X wird auf eine vertiefte Behandlung
      des Problems verzichtet.

Durch die Wortgruppe „in den meisten Studien" ist der Handlungsträger von
verzichten schon angedeutet, nämlich die Autoren. Daher sollen sie nicht als
Subjekt genannt werden.

Grammatischer Hinweis

Normalerweise wird mit reflexiven Verben wie *sich erinnern, sich bemühen* etc.
kein Passiv gebildet.

8.4.3 Übung: „Bericht über ein Interview"

Aufgabe: Lesen Sie den Textauszug, in dem alle Sätze aktivisch formuliert sind (in
Veränderung des Orginals), und entscheiden Sie, welche Sätze besser
Passivsätze sein sollten. Formen Sie sie entsprechend um. Thema ist die
Beschreibung einer Interviewserie mit ausländischen Studierenden („In-
formanten") an der Universität Siegen.

---

(1) Zwei Mitarbeiterinnen führten abwechselnd die leitfadengesteuerten Interviews durch. (2) Nach einer kurzen Aufwärmphase konzentrierten sich die Fragen auf die Themengebiete Lehrveranstaltungen, Leistungsanforderungen,
Sprechstunden, Kontakte zu anderen Studenten. (3) Sie führten die Interviews
entweder in deutscher oder in englischer Sprache durch. (4) Die Mehrheit der
Interviews führten sie in deutscher Sprache. (5) Sie hatten den Leitfaden und
die Interviews als problemzentriert konzipiert. (6) Dieses Vorgehen soll eine
Problembestimmung durch den Informanten anregen. (7) Mit dieser Vorgehensweise will man gewährleisten, dass die Problemsicht des Interviewers nicht die
Sicht der Befragten überdeckt. (8) Alle Informanten bekamen die Hauptfragen
und die Mehrheit der Nebenfragen in der gleichen Reihenfolge und im ungefähr
gleichen Wortlaut gestellt.

(Textvorlage aus: Aplevich 2008, S. 58 f.)

8.4.4 Unpersönliches Passiv und andere unpersönliche Formulierungen

Die oben beschriebenen Funktionen, die Passivsätze übernehmen, können auch mit anderen Formulierungen realisiert werden, manchmal sogar besser.

Formulierungen für eine allgemeine, unpersönliche Aussage über eine Notwendigkeit oder Möglichkeit

der Nachweis einer Arbeitsstelle ist erforderlich / notwendig / unabdingbar
eine Arbeitsstelle ist nachzuweisen
es bedarf des Nachweises einer Arbeitsstelle
es ist anzunehmen, dass ...
es muss angenommen werden, dass ...
die Annahme X kann für sich in Anspruch nehmen, dass ...
es ist nicht bestreitbar / nicht zu bestreiten, dass ...
es kann nicht bestritten werden, dass ...
das Argument X ist unbestreitbar

8.4.5 Alternativen zu umständlichen / unschönen Passivsätzen

Die folgenden Beispielsätze oder Einleitungen von Sätzen stammen aus studentischen Arbeiten. Die Alternativvorschläge richten sich nach grammatischen und stilistischen Kriterien.

---

1. „In der vorliegenden Darstellung ist sich darum bemüht worden, ...“

   Alternative: In der vorliegenden Darstellung wurde versucht, ...

2. „Die Tatsache muss angenommen werden, dass ...“

   Alternative: Es ist anzunehmen, dass ...

3. Von den Autoren wird folgende Unterscheidung getroffen: ...

   Alternative: Die Autoren treffen folgende Unterscheidung: ...

4. F wendet sich gegen Stilbücher. „Warum, wird von ihm nicht erklärt.“

   Alternative: Warum, erklärt er nicht. / Eine Begründung bleibt er schuldig.

5. In diesem Sprachkurs wird sich auch um die Vermittlung der komplexen Syntax gekümmert.

   Alternativen: In diesem Sprachkurs kümmert man sich auch um die Vermittlung der komplexen Syntax. / In diesem Sprachkurs wird auch die komplexe Syntax vermittelt.

8.4.6 Übung zu Ersatzformen des Passiv: reflexive Konstruktionen von Verben

Vorbemerkung: Reflexive Prädikate sind in der AWS beliebt, weil sie ähnlich wie das Passiv erlauben, den thematisierten Gegenstand als Subjekt des Satzes einzuführen. Beispiel:

B1   In demselben Absatz des Textes *findet sich* die Aussage: „..."

Manche Verben eignen sich sehr gut für solche Sätze, andere führen zu einem grammatisch nicht korrekten Satz.

Aufgabe 1: Beurteilen Sie in den folgenden Sätzen die Richtigkeit der Sätze. Kreuzen Sie an der rechten Seite an, welche Sätze (oder Fügungen) korrekt sind.

1. N bringt einige Nachteile mit sich. .... o
2. Das ganze Gebiet übersieht sich nur schwer. .... o
3. N stellt sich häufig als Problem dar. .... o
4. Es versteht sich von selbst, dass der Vorschlag unsinnig ist. .... o
5. N unterscheidet sich kaum von D. .... o
6. Diese Denkrichtung bezeichnet sich als Scholastik. .... o
7. Der Faktor N wirkt sich deutlich auf A aus. .... o
8. Die heutige Universität charakterisiert sich durch Freiheit der Wissenschaft. .... o
9. Das Phänomen kennzeichnet sich durch mehrere Eigenschaften. . o
10. Die Korrekturen beschränken sich auf kleine Ergänzungen. .... o
11. Die Auswahl des (G) richtet sich nach dem Kriterium (D). .... o
12. Der Vorgang begleitet sich mit der Entwicklung von D. .... o
13. Das überraschende Ergebnis führt sich auf A zurück. .... o
14. Weitere Faktoren beziehen sich ein. .... o
15. Aus früheren Epochen haben sich viele Aufzeichnungen überliefert. o
16. Die Tätigkeit N schließt sich unmittelbar an A an. .... o
17. Die genannten Erscheinungen ergeben sich aus D. .... o
18. Die Lebensdauer des Materials hat sich stark verlängert. .... o
19. Die Entwicklung vollzieht sich gesetzmäßig. .... o
20. Nach kurzer Zeit zeigt sich eine Veränderung. .... o
21. Die ermittelten Werte verteilen sich nach dem Zufallsprinzip. ...... o
22. Der Schlüssel zur Problemlösung steckt sich in D. .... o
23. Es fragt sich, wie dieses Ergebnis zu erklären ist. .... o
24. Es setzt sich voraus, dass alle Angaben richtig sind. .... o
25. Hier lässt sich ein Fehler feststellen. .... o
26. Fachsprachen definieren sich nicht nur über ihre besondere Lexik. o
27. Eine höhere Sensibilität für gutes Wissenschaftsdeutsch lässt auf sich warten. .... o

Aufgabe 2: Tragen Sie in der abschließenden Tabelle die Verben noch einmal sortiert ein, nach dem Kriterium des reflexiven Gebrauchs.

Verben, die einen reflexiven Gebrauch erlauben	Verben ohne reflexiven Gebrauch

8.4.7 Übung: Verbesserung einer Textstelle

Aufgabe: Der nachfolgende Textauszug ist mit Passivformulierungen „überladen". Verbessern Sie ihn, indem Sie einen großen Teil der Passivkonstruktionen durch andere Formulierungen umgestalten und sorgen Sie für Abwechslung im Satzbau.

Der psychologische Aspekt wurde vor allem in Nachfolge zu den beliebten Typologiesystemen eingeführt (vgl. Kretschmer). Dabei können in der Leserpsychologie die typologischen Ansätze nach bestimmten Dimensionen unterschieden werden: nach dem Leseprozeß, den Interessen und der Erlebnis- bzw. Verarbeitungsdimension. Die bisher aufgestellten Typologiesysteme sind dadurch charakterisiert, daß sie nicht oder zu wenig empirisch überprüft wurden. Von der heutigen empirischen Forschung wird die Beschreibung von Leseinteressen und von interindividuellen Differenzen in den Mittelpunkt gestellt. Seit dem 2. Weltkrieg wurde eine Fülle von Analysen hervorgebracht. Dabei wurden einige Lektürekategorien gefunden. Auf deren Basis werden bestimmte Lesemotivationen vermutet.

> Durch die schichtspezifische Genese von Lesemotivationen werden sozialpsychologische Modelle nahegelegt. Auch von der ideologiekritischen Literaturdidaktik sind Erklärungsmodelle vorgelegt worden. Am besten wurde der sozialpsychologische Aspekt der Textwirkung ausgearbeitet, besonders für solche Texte, durch die eine Überredung oder Überzeugung angestrebt wird. Die Wirkung fiktionaler, also literarischer Texte, wird erst seit den 70er Jahren des 20. Jahrhunderts erforscht.
>
> Unter pädagogisch-psychologischem Gesichtspunkt wird vor allem nach der Brauchbarkeit von bestimmten Textformen und -strukturen für den Lehr- und Lernprozeß innerhalb von Institutionen unseres Bildungssystems gefragt.
>
> (verändert aus: Groeben 1982)

8.4.8 Übung: Studentische Produktionen beurteilen / verbessern

Aufgabe: Beurteilen Sie die Passiv-Verwendungen in den folgenden Beispielen, auch die verwendeten Verben, und formulieren Sie Verbesserungsvorschläge.

1. „In der „Duden Grammatik der deutschen Gegenwartssprache" ist es gelautet: ..."

2. „Von Helbig / Buscha „Deutsche Grammatik" wird erwähnt: ..."

3. „Zuerst muß gesehen werden, wie der Ausdruck *denn* aus handlungstheoretischer Sicht behandelt wurde."

4. „In dieser Definition wird gemeint, dass ..."

8.5 Vorsichtig-distanzierter Schreibstil

Fachtexte sollten „eindeutig" und „präzise" formuliert sein, liest man häufig. Im Ganzen stimmt das auch. Tatsächlich sind aber viele einzelne Textstellen sprachlich uneindeutig, der Autor lässt etwas offen, er spricht Vermutungen aus, er legt sich nicht immer fest. Die Geltung der Aussage wird dann abgeschwächt. Auch dies gehört zum wissenschaftlichen Stil. Es kommt regelmäßig vor, wenn entweder im Sachwissen noch Unklarheit besteht oder wenn der Autor eine deutliche Kritik an einem anderen Forscher vermeiden will.

Der Anglist Christian Mair bezieht diese Stilphänomene besonders auf die Geistes- und Gesellschaftswissenschaften:

„Zwingende Beweise für die Richtigkeit der eigenen Position sind in diesen Wissenschaftsbereichen schwerer zu erbringen als in den Naturwissenschaften. Die Vertretung der eigenen Position erfordert neben sachlichen Argumenten oft rhetorisches Geschick" (Mair 2007, S. 165).

Nicht selten wird eine vorsichtige Darstellung auch zur Leserorientierung verwendet (vgl. unten Beispiel B4).

Formeln für die Relativierung (Einschränkung der Geltung)
meines Erachtens (m. E.)
als Ergebnis kann festgehalten werden, dass ...
man kann daher von einem D sprechen (als Fazit nach einer
Argumentation)
N scheint ein N zu sein
N ist anscheinend ein N
das Phänomen wird überwiegend als N beurteilt
in gewisser Hinsicht
im Großen und Ganzen
im Wesentlichen
N mag (auf den ersten Blick) einleuchten, aber ...
dazu lässt sich sagen, dass ...

Beispiele für vorsichtig-distanzierten Schreibstil

B1   „Es hat mitunter den Anschein, als ob jede Disziplin ihren eigenen formalen
      Apparat der Reaktionskinetik entwickle, was offenbar auch auf einen nicht
      ausreichenden interdisziplinären Kontakt zurückgeführt werden kann. ...
      Zweifellos läßt sich ein enger Zusammenhang zwischen realem Wirtschafts-
      wachstum und Entwicklung der Investitionen feststellen, und der langfristi-
      ge Rückgang der Profitquote von 1955 bis 1975 mag sehr wohl dämpfend
      auf die Investitionstätigkeit gewirkt haben."

                                            (aus: Korpus Graefen, Fach Medizinforschung)

B2   „Besonders bemerkenswert ist eine Reihe italienischer Arbeiten, welche im
      Rahmen theoretischer Untersuchungen das Phänomen der Lohnexplosion
      wohl als erste identifizieren und es dann in seinem Verlauf zu verfolgen ver-
      suchten."

                                                      (aus: Korpus Graefen, Fach Ökonomie)

B3   „So ist der allgemeine Eindruck höchst plausibel, daß in den Universitäten
      für die „Verschriftlichung" der spätmittelalterlichen Welt eine gewiß nicht
      ausschließliche, wohl aber sicherlich wichtige, wenn nicht am Ende die das
      Ergebnis bestimmende Instanz gesehen werden muß."

                                                     (aus: Korpus Graefen, Fach Geschichte)

B4   „Informieren wir uns kurz über Wörterbuchangaben zur Sache. Zwei Bei-
      spiele mögen genügen, einmal ..."

                                                            (aus: Ehlich 1999, S. 183)

8.5.1 Übung zum vorsichtig-distanzierten Schreibstil

Die folgenden Sätze sind einem Artikel zum Urheberrecht von Autoren entnommen. Problem: Die Aussagen sind zu bestimmt und zu sicher formuliert.

Aufgabe: Korrigieren Sie die Sätze in der linken Spalte der Tabelle. Formulieren Sie eine vorsichtigere Version, indem Sie die Hilfen aus der rechten Spalte verwenden.

Beispiel (Vorgabe):

Das Gesetz war ein bedeutender Schritt zur Entwicklung von X.

Vorsichtiger formuliert:

Das Gesetz wird als bedeutender Schritt zur Entwicklung von X eingeschätzt.

Die mehr als 50 Jahre andauernde Diskussion über das Wesen des Urheberrechts war dogmatisch.	*dogmatisch wirken auf* (viele Beobachter)
Für die Ausformulierung des Urheberrechts gab es mehrere Gründe: …	sich unterscheiden lassen
Autoren, die einen Vertrag mit dem Verlag haben, sind vor Plagiaten geschützt.	Vermutung mit *dürfen*
Ausländische Verlage bekommen eine Lizenz für Übersetzungen.	Modalverb: *können* Adverb: *normalerweise*
Autoren, die beruflich schreiben, können von ihrer Arbeit leben.	Modalverb: *sollen*
Autorenhonorare werden nicht gezahlt.	Abschwächung durch: *in der Regel* oder durch andere Sprachmittel Ihrer Wahl

8.5.2 Zum Gebrauch des Konjunktiv II

Studierende meinen mir häufig, zum Stil der Wissenschaftssprache gehöre der Konjunktiv II, weil eine Aussage dadurch vorsichtig oder zurückhaltend klingt. Zum Beispiel schreibt eine Studentin:

B1 (Thema: ein Lehrwerk für asiatische Deutschlerner) „Ein Vorteil solcher Lehrwerke wäre auch, dass Deutschlehrern somit eine Orientierung zur Integration der Phonetik in den Lehrplan gegeben wäre."

Die Studentin möchte ihre Überlegung als hypothetisch und als Empfehlung kennzeichnen, weil es noch sehr wenige Lehrwerke dieser Art gibt. Wissenschaftler benutzen in einem solchen Zusammenhang eher den Indikativ (*Der Vorteil ist …*) oder das Modalverb *können*: *Solche Lehrwerke können den Deutschlehrern … geben.*

Ein weiterer Irrtum ist, dass man Beispiele im Text gut mit dem grammatischen Mittel des Konjunktivs II einführen kann: *Ein Beispiel hierzu wäre* .... Auch hier ist der Indikativ besser.

Somit ist der Gebrauch des Konjunktiv II beschränkt auf den Fall, dass der Sprecher die Absicht hat, etwas als Denkmöglichkeit, z.b. als möglichen Grund oder hypothetische Folge (*wenn – dann*) zu kennzeichnen (B2). Oder er äußert eine vorsichtige Vermutung, meist mit einem Modalverb (B3).

Verwendungsbeispiel

B2   Eine Antwort auf diese Frage wird kaum zu finden sein, denn das Dokument „hat keinerlei weiterführende Spuren in anderen Quellen der Zeit hinterlassen, aus denen näherer Aufschluß zu gewinnen *wäre.*"

(aus: Schiewe 1996, S. 212)

B3   „Greift der Autor später auf seine Aufzeichnungen zurück, kann es geschehen, daß diese aus Mangel an Hinweisen auf die Quelle als eigene Ideen identifiziert werden. Situationen wie die beschriebene *dürften* eher auf ungeübte Schreiber zutreffen ..."

(aus: Jakobs 1997, S. 166)

8.6 Der Nominalstil

Nomen, meistens nicht allein, sondern in einer Nominalgruppe, sind die wichtigsten Inhaltsträger in wissenschaftlichen Reden und Texten. Solche Wortgruppen sind oft komplex, ihr Verständnis erfordert sehr genaues Lesen und Zuhören. Die Sprachwissenschaftlerin Els Oksaar (1985, S. 106) sagt zu diesem oft kritisierten Stil: „Es ist keineswegs berechtigt, den Nominalstil, besonders die Bildungen auf *-ung* und die Verwendung von Passiv, generell zu verpönen, wie es in Stillehren üblich ist."

Manchmal konkurriert eine Formulierung mit ausdrucksstarkem Prädikat mit einer eher nominalen Formulierung, wobei das Verb ausdrucksschwach ist. An einigen Beispielen soll gezeigt werden, warum viele Autoren sich für die nominale Ausdrucksweise entscheiden.

B1   a) Die beiden Gruppen *unterscheiden sich* in ihrem Verhalten *stark voneinander.*

b) Die beiden Gruppen *weisen deutliche Unterschiede* in ihrem Verhalten *auf.*

Die Formulierung b) hat den Vorteil, dass der Autor die Unterschiede, über die er anschließend sprechen will, bereits mit einem Nomen thematisiert hat. Er kann einfach daran anschließen (z.B. mit dem definiten Artikel, Zeigwort, Relationszeigwort).

Probleme für Leser entstehen dann, wenn die Nominalgruppen stark erweitert sind und wenn mehrere solcher Nominalgruppen eng aufeinander folgen:

B2   „Insbesondere mit dem 1872/73 von Schmoller, Brentano und dem – metho-
disch in der Tradition Hegel/Knies verankerten, sozialethisch aber nahen –
Staatssozialisten Adolph Wagner gegründeten Verein für Sozialpolitik wurde eine öffentlich wirksame, wenn auch hinter den Ausgangserwartungen
zurückbleibende Stimmung für Sozialreform erzeugt, die vorwiegend mei-
nungsführende Teile des protestantischen deutschen Bürgertums erfaßte."

(aus: von Bruch 1999, S. 96)

8.6.1 Übung: Nominalstil verstehen

Aufgabe: Formulieren Sie nominale Wortgruppen mit Partizip gemäß dem Beispiel
mit Hilfe einer passenden Frage um. (Alle Sätze bzw. Satzanfänge stammen aus dem Aufsatz von Nerius (1994) über Orthographie. Sätze 1-3
sind auf die Nominalgruppen verkürzt.)

Beispiel:

„In der zunächst durch eine relativ freie Wechselwirkung von Schreibgebrauch und Normfestlegung bestimmten Entwicklung der Orthographie
wird ..."

Frage: Was erfahren wir hier über die Entwicklung der Orthographie?

Antwort: Sie wurde zunächst durch eine Wechselwirkung von Schreibgebrauch
und Normfestlegung bestimmt.

1. „Die sich im historischen Prozess merklich verändernden Entwicklungsmöglichkeiten der Orthographie sind ..."

Frage: Was erfahren wir hier über die Entwicklungsmöglichkeiten der Orthographie?

2. „Die immer wieder reproduzierte, durch Sanktionen gestützte, mit offizieller
Verbindlichkeit ausgestattete festgelegte Norm lässt ..."

Frage: Was erfahren wir über die Norm?

3. „Eine solche Änderung einer relativ genau festgelegten, durch ein hohes
Maß an Invarianz gekennzeichneten, in einer Gemeinschaft allgemein be-
folgten und gegebenenfalls sogar staatlich verbindlichen Orthographie
nennen ..."

Frage: Was erfahren wir hier über Orthographie?

4. „Aufwand und Nutzen müssen auf diesem Gebiet in einem für die Gemeinschaft vertretbaren und verkraftbaren Verhältnis stehen."

Frage: Was erfahren wir hier über das Verhältnis von Aufwand und Nutzen?

8.6.2 Übung: „Übertriebenen" Nominalstil verbessern

Aufgabe: Der folgende Satz aus einer Monographie ist schwer verständlich wegen
der Länge des Satzes und der Fülle von Informationen. Grammatisch zeigt
sich das an den erweiterten Substantivgruppen. Formulieren Sie Verbesserungsvorschläge, sorgen Sie für kürzere Sätze und für Abwechslung im
Satzbau.

Fast alle anderen mir bekannten Untersuchungen zur Analyse des Verstehens
komplizierterer Zusammenhänge in Texten von größerem Umfang führen zwar
zu interessanten Befunden, z.b. zu einer Strategie der Befragung bestimmter
Sorten von Sachtexten oder der Erschließung der Struktur bestimmter Erzäh-
lungen (story grammar) (vgl. Groeben 1982, 45 f.; Schnotz 1988), sie lassen
sich aber nicht auf jeden Leseprozeß übertragen, sondern haben in etwa den
niedrigen Grad der Allgemeinheit, den die Vielzahl der didaktischen Vorschläge
zur Erschließung einer bestimmten Textsorte bzw. für eine bestimmte Form der
Interpretation besitzt.

(aus: Grzesik 1990, S. 95)

8.6.3 Übung: Studentische Produktionen beurteilen / verbessern

Aufgabe: Prüfen Sie in den folgenden Textstellen aus Hausarbeiten, ob Nomen und
Verben zusammenpassen und verbessern Sie missglückte Formulierun-
gen.

1- Deutschlerner müssen lernen, ... die Verwendung des Nullartikels richtig
einzusetzen.

2. „Hier müssten aber weitere Faktoren wie, soziales Umfeld (z.B. Familie),
linguistische und Unterrichtsfaktoren eingezogen werden, um dadurch z.B.
Schlüsse auf den Schulerfolg schließen zu wollen."

3. Im Chinesischen „ist die kleinste sprachliche Einheit das Wort und die Basis
liegt auf den bedeutungstragenden Einheiten."

4. „Neben dem Lernziel der sprachlichen Handlungsfähigkeit gehören auch
das Entnehmen von Informationen aus entsprechenden Texten und das eigene Produzieren von Texten."

5. „Ein linguistisches Grundlagenwissen für ... bedarf einer weiteren Berücksichtigung, nämlich der Unterscheidung von Mündlichkeit und Schriftlichkeit."

6. „Besonders der Aufbau, die Sprache und der Inhalt bilden heute die wichtigsten Gesichtspunkte bezüglich der Beurteilungskriterien im Aufsatzunterricht."

9 Weitere Substantive und Verben der AWS: Erklärungen und Verwendungsbeispiele

9.1 Forschungsprozess

9.1.1 die Forschung, die Erforschung

Beide Substantive sind abstrakte Begriffe, die grundsätzlich im Singular gebraucht werden, nur *Forschung* tritt gelegentlich im Plural auf. Es handelt sich dann um einzelne Untersuchungen. Meist wird dann auch besser der Begriff *Untersuchung* verwendet.

Forschung ist ein Sammelbegriff für die wissenschaftlichen Bemühungen in einem Fach oder Teilfach. Man spricht damit über die Suche nach wissenschaftlichen Erkenntnissen bzw. die Arbeit an wissenschaftlichen Erkenntnissen oder Problemen.

Die Erforschung ist immer die Erforschung von etwas, also auf bestimmte Gegenstände bezogen.

Fügungen

das Problem / die Frage X war Gegenstand langjähriger / eingehender Forschung
die Forschung der letzten Jahre hat die Vermutung von F bestätigt
die Erforschung des G hat in den 60-er Jahren stattgefunden
F hat mit der Erforschung von D begonnen
F war an der Erforschung von D beteiligt
im Fach X befasst man sich mit der Erforschung von D
die Erforschung von D konzentriert sich auf A

die Forschungen zu D
- konzentrieren sich auf A
- beschränken sich auf A
- beziehen sich vorwiegend auf A
- stellen A in den Mittelpunkt
- richten sich vor allem auf A

9.1.2 die Erkenntnis, die Entdeckung, die Erfindung

Die Beschreibung des wissenschaftlichen Erkennens geht sprachlich auf den Bereich der Wahrnehmung (mit den Augen etwas erkennen) zurück (vgl. Kap. 9.1.4.). In der Alltagssprache wird das auf das Denken übertragen: erkennen = identifizieren, verstehen, Wissen erweitern. In der Wissenschaftssprache kommt die Anforderung von Objektivität dazu.

Die Ausdrücke *Entdeckung* und *Erfindung* werden meist unterschieden. Bei dem Philosophen Immanuel Kant ist zu lesen (vgl. Wörterbuch Hermann Paul):

„Etwas erfinden ist ganz was anderes als entdecken (...) Was entdeckt wird, war schon vorher vorhanden, was erfunden wird, dagegen nicht."

Im Gebrauch achten die Sprecher aber nicht immer so genau auf diese Unterscheidung.

Fügungen

F leitet aus D die Erkenntnis ab, dass ...
F gewinnt die Erkenntnis, dass ...
F erarbeitet die Erkenntnis von D
N ergibt sich aus der Erkenntnis X
N erbringt wichtige Erkenntnisse über A
N liefert eine Erkenntnis
N ist die Quelle einer neuen Erkenntnis, nämlich ...
für N ist die Erkenntnis maßgebend, dass ...
N beruht auf der Erkenntnis, dass ...
N baut auf der Erkenntnis X auf
N bietet neue / keine neuen Erkenntnisse
N vermittelt Erkenntnisse über A
N vermittelt tiefere Erkenntnisse von D
unter den F setzt sich die Erkenntnis durch, dass ...

eine $\left\{\begin{array}{l}\text{gesicherte}\\\text{neue}\\\text{bedeutsame}\end{array}\right\}$ Erkenntnis

aus dieser Erkenntnis heraus
entsprechend den heutigen Erkenntnissen
eine Erkenntnis von großer Tragweite
die Erkenntnis X wird noch zu wenig berücksichtigt

Verwendungsbeispiel

B1   „... die Zahl der dabei theoretisch zu berücksichtigenden Merkmale erweist sich als unabsehbar und ... als praktisch nicht zu bewältigen. Aus dieser Erkenntnis erwächst - so Flammer (1978) - wieder einmal eine „Krisenstimmung" in der Psychologie."

(aus: Korpus Graefen, Fach Psychologie)

9.1.3 Lexikalische Übung: Wortfamilien ergänzen

Aufgabe: Tragen Sie unten, sofern möglich, die Verben oder Adjektive (Partizipien) aus der Wortfamilie ein.

Substantive	Verben	Adjektive
die Erkenntnis	_____	_____ (P2)
		_____ bar

der Erkenntnisgewinn

der Erkenntnisprozess

die Entdeckung _____ (un) _____ (P2)

die Aufdeckung _____

die Erfindung _____ un_____ lich

9.1.4 der Befund

Ein Befund ist ein in der wissenschaftlichen Öffentlichkeit mitzuteilendes Ergebnis, ein Resultat von Untersuchungen.

Fügungen

die { experimentellen / empirischen / dokumentierten } Befunde

die Untersuchungen liefern den Befund, dass ...

die Befunde werden in einer Übersicht dargestellt

ein Ergebnis fällt aus den anderen Befunden heraus

an Hand der Befunde zeigt sich N

eine Reihe / Vielzahl / große Menge von Befunden liegt vor

9.1.5 das Phänomen, die Erscheinung

Zu *Phänomen* gibt es eine Begriffserläuterung im „Thesaurus der exakten Wissenschaften" von Serres / Farouki (2004):

> Phänomene waren ursprünglich Aufsehen erregende Himmelsereignisse, dann fand eine Verallgemeinerung statt: Alles Wahrnehmbare, Beobachtbare ist ein Phänomen (Naturwissenschaften). In den Geistes- und Sozialwissenschaften sind die Phänomene auch sozialer oder psychologischer Natur.

Der Ausdruck *Erscheinung* hat eine ähnliche Bedeutung, *Phänomen* kann häufig durch *Erscheinung* ersetzt werden. In der idiomatischen Fügung *in Erscheinung treten* kann aber *Phänomen* nicht gebraucht werden.

Fügungen

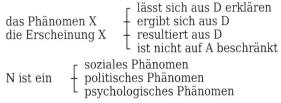

das Phänomen X
die Erscheinung X
{ lässt sich aus D erklären / ergibt sich aus D / resultiert aus D / ist nicht auf A beschränkt }

N ist ein { soziales Phänomen / politisches Phänomen / psychologisches Phänomen }

                                    ┌ der Globalisierung
N ist ein Phänomen   ┤ der Moderne
N ist eine Erscheinung   ┤ der Jugendsprache
                                    └ des Klimawandels

            ┌ Einzelaspekte ┐
F geht auf ┤ Ausprägungen   ├ des Phänomens ein
            └ Auswirkungen   ┘

            ┌ bekanntes   ┐
N ist ein   ┤ normales   ├ Phänomen
            └ längst untersuchtes ┘

                        ┌ ist unerklärlich
das Phänomen X   ┤ bleibt ein Rätsel
die Erscheinung X   ┤ tritt erstmals auf
                        └ wurde neuerdings an D beobachtet

das Phänomen X verdient Beachtung
N tritt im Zusammenhang mit D in Erscheinung

Verwendungsbeispiel aus einem sprachwissenschaftlichen Lehrbuch

B1   „Da Menschsein mit Sprachehaben zusammenfällt, ist die Sprache dem
      Menschen etwas Selbstverständliches. Ein Erkenntnisobjekt wird sie daher
      erst, wenn sie ihm Phänomen wird und praktisches Interesse gewinnt."
                                    (aus: Althaus / Henne / Wiegand 1980, S. 97)

9.1.6   das Objekt, der Gegenstand

In der Wissenschaftssprache wird der Begriff Objekt oft im Sinne von *Gegenstand der Forschung* benutzt.

Fügungen

F / T hat A zum Gegenstand
F macht A zum Gegenstand seiner Betrachtung

                        ┌ der Forschung
N ist Gegenstand   ┤ des Fachs X
                        └ einer Studie von F

das Fach X fasst seinen Gegenstand als A auf
N bildet den Gegenstand / das Objekt von D
N ist das Objekt der Untersuchungen von F
N wird zum Gegenstand einer Untersuchung
N ist ein eigener Gegenstand
zur Abgrenzung des Gegenstandes verweist F auf A

Verwendungsbeispiele

B1   In der Anthropologie ist der Mensch selbst das Objekt.

B2   Untersuchungsobjekt eines Faches sind nicht-industrialisierte Gesellschaften.

B3 Das Thema Krankheit ist das gemeinsame Objekt mehrerer Fächer.

B4 Die wissenschaftliche Geographie fasst ihren Gegenstand, die Erdoberfläche, als ein materielles System auf.

9.1.7 der Begriff, das Konzept

Ein Begriff enthält ein abgrenzbares sprachliches Wissen. Dieses Wissen ist der Inhalt einer wortgebundenen Vorstellung (vgl. Kap. 2). Begriffe sind Instrumente der Forschung ebenso wie Resultate. Die Fachbegriffe sind Termini (Teil einer Terminologie). Die fachübergreifend bekannten Begriffe gehören entweder zur Standardsprache oder zur AWS. Die Psychologie spricht in Bezug auf das Begriffswissen gern von einem *Konzept*. Zentrale Begriffe werden auch als Leitbegriff oder Schlüsselbegriff bezeichnet.

Das Wort *Begriff* wird (auch von Deutschen) oft falsch benutzt, nämlich im Sinne von *Ausdruck*. Fehlerbeispiel: *Der Begriff Individuum stammt aus dem Lateinischen.*

Begriff und *Konzept* werden nicht nur als Wissen, als komplexe Bedeutung sprachlicher Ausdrücke, aufgefasst, sondern oft noch in einem erweiterten Sinn, ähnlich einer Theorie.

Fügungen

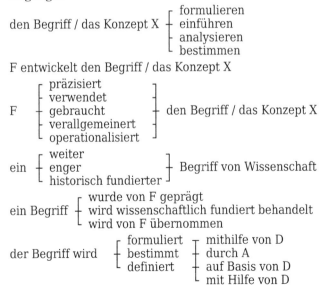

Verwendungsbeispiele

B1 „Nachfolgend soll ein weiter Begriff von Wissenschaft verwendet werden, mit dem insbesondere für die Zeit vor dem 18. Jahrhundert nicht zwischen

(praktischer) Fach- und (theoretischer) Wissenschaftsliteratur bzw. -spra-
che unterschieden wird."

(aus: Schiewe 2007, S. 32)

B2   „Darwins „struggle of life" wurde mit „Kampf ums Dasein" ins Deutsche
übertragen und wurde zu einem Schlüsselbegriff eines neuen wissenschaftlichen Paradigmas im 19. Jh."

(gekürzt aus: Schiewe 2007, S. 46)

B3   „In der jüngeren Linguistik sind verschiedene Konzepte entwickelt worden,
die die Struktur der Orthographie ... darzustellen versuchen."

(aus: Nerius 1994, S. 724)

B4   „Zur begrifflichen Bestimmung der Diskurse siehe ..."

(aus: Redder 2001, S. 12)

9.1.8 Übung: Studentische Produktionen beurteilen / verbessern

Aufgabe: Korrigieren Sie die studentischen Formulierungen.

1. „Es herrscht bis heute keine einheitliche Begriffsbestimmung im Fach."

2. „Der Begriff der Schrift im Deutschen erweist sich als sehr weitläufig.
   Beispielsweise werden die Buchstaben eines KFZ-Schildes darunter
   subsumiert."

3. „Analphabet ist nicht gleich Analphabet. In diesem Terminus unterscheidet
   man drei verschiedene Arten von Analphabetismus."

9.1.9 bestimmen, die Bestimmung

Die Grundbedeutung von *bestimmen* entspricht dem Verb *festlegen* (vgl. B1).
Die AWS-Bedeutung hat zwei Varianten: *Die Bestimmung von D* kann die *Tätigkeit* des Untersuchens oder Analysierens sein, oder es handelt sich um das
Ergebnis: entweder der Gegenstand wird als *Begriffsbedeutung* bestimmt, d.h.
seine Definition ist seine (begriffliche) Bestimmung, oder eine Einheit oder Größe soll ermittelt werden (vgl. B2).

Fügungen

die qualitative / quantitative Bestimmung von D
die Bestimmung von D berücksichtigt die Eigenschaften von D
die Bestimmung bezieht sich auf A

eine $\left\{\begin{array}{l}\text{genaue}\\\text{nähere}\\\text{spezifische}\end{array}\right\}$ Bestimmung

Verwendungsbeispiele

B1   „... die Profite der Vergangenheit bestimmten die Investitionen der Zukunft."

(aus: Korpus Graefen, Fach Ökonomie)

B2   Bürokratie und Militär „haben von Liberalisierung in erster Linie die Einbu-
ße ihrer Privilegien zu befürchten, was sie zu Gegnern jeglicher Reformen
macht. Diese Liberalisierungsdilemmas machen nicht nur die Bestimmung
der optimalen Zeitpunkte für die einzelnen Reformschritte schwierig, sondern ..."

(aus: Korpus Graefen, Fach Ökonomie)

B3   „Will man den Begriff „Krankenhaus" näher bestimmen, so gilt es ..."

(aus: Feilke / Steinhoff 2003, S. 120)

9.1.10   die Kategorie

Eine Kategorie ist ein Ordnungsbegriff, also auch ein Oberbegriff; sie fasst andere Begriffe zusammen und bringt so Ordnung in ein thematisches Gebiet.
Plural: Kategorien, Verb: kategorisieren, Adjektiv: kategorial

Fügungen

die Kategorien Raum und Zeit
die meisten N gehören zur Kategorie X
N ist in die Kategorie X (Kategorie der G) einzuordnen
N fällt unter die Kategorie X
F denkt in Kategorien des G
Phänomene verschiedener Kategorien
N muss in allen seinen Kategorien erfasst werden

N ist eine $\left\{\begin{array}{l}\text{plausible}\\ \text{wesentliche}\\ \text{grobe}\end{array}\right\}$ Kategorie

für eine kategoriale Betrachtung von D ist N wichtig / wesentlich
in kategorialer Hinsicht
das Kategorienraster
der kategoriale Grundbestand

Verwendungsbeispiele

B1   Genus, Kasus und Numerus sind Kategorien des Substantivs in der deutschen Grammatik.

B2   „Der Begriff „Macht" gehört zum kategorialen Grundbestand unseres Verständigungssystems; daher ist es auch nicht verwunderlich, daß er einen
philosophischen Problemfall darstellt."

(aus: Korpus Graefen, Fach Soziologie)

9.1.11 die Analyse, die Auswertung, die Untersuchung

Fügungen (am Beispiel *Analyse*, gültig auch für *Auswertung* und *Untersuchung*)

F führt eine Analyse / Auswertung durch
F nimmt eine Analyse von D vor
F unterzieht A einer Analyse
F bezieht A in die Analyse ein
N ist Gegenstand / Objekt einer Analyse

eine Analyse $\left\{\begin{array}{l}\text{erbringt A} \\ \text{ergibt A} \\ \text{führt zu der Erkenntnis, dass ...}\end{array}\right.$

die Analyse verläuft erfolgreich / misslingt
die Analyse führt zu einem klaren Ergebnis
die Ergebnisse der Analyse sind in D dargestellt

eine $\left\{\begin{array}{l}\text{gründliche} \\ \text{systematische} \\ \text{detaillierte}\end{array}\right\}$ $\left\{\begin{array}{l}\text{Analyse} \\ \text{Untersuchung} \\ \text{Auswertung}\end{array}\right.$

die Analyse von D steht (noch) aus
F zieht die Analyse von D hinzu
bei der Analyse geht F von D aus
die Analyse versteht sich als N
die Analyse von D hat gezeigt / bewiesen, dass ...
die Analyse ist abgeschlossen

Verwendungsbeispiele

B1   Die Quellen lassen sich X zuordnen, „so daß eine systematische Auswertung möglich wird. Diese Auswertung hat in zwei Schritten zu erfolgen: ...“
(aus: Schiewe 1996, S. 195)

B2   „Die folgenden Analysen (...) verstehen sich demnach als ein konkreter Beitrag zum Ausbau der funktional-pragmatischen Grammatiktheorie.“
(gekürzt aus: Redder 1990, S. 11)

9.1.12 Einsetzübung: Analysieren

Aufgabe: Füllen Sie die Lücken mit passenden Ausdrücken. Nehmen Sie dabei Ausdrücke aus der obigen Liste (1 Lücke = 1 Wort).

1. Wer hat die Analyse _____?

2. Welche Ergebnisse hat die Analyse _____?

3. Worum geht es? Was ist der _____ der Analyse?

4. Was soll herauskommen? Was ist das _____ der

Analyse?

5. Der Analytiker _____ davon _____, dass alle Messdaten

richtig sind. Anders gesagt: Der Analytiker _____ /

_____, dass alle Daten richtig sind.

6. Die Ergebnisse eines Experiments müssen analysiert werden, anders

gesagt: Sie werden einer Analyse _____.

7. Wie die bisherigen Analysen der politischen Prozesse _____ /

_____, ist die Demokratisierung noch in den Anfängen.

8. Unsere Analyse steht in enger _____ zu eurer

Untersuchung.

9. Die Analyse psychologischer Probleme scheint oft fehlzuschlagen. Mit

einem anderen Verb gesagt: Sie scheint oft _____.

10. a) Die bereits _____ Daten liegen nun vor.

b) Die noch zu _____ Daten liegen demnächst vor.

11 Die bisher noch nicht berücksichtigten Daten müssen in die nächste

Analyse _____ werden.

9.1.13 das Ergebnis, das Resultat

Fügungen

F kommt zu dem Ergebnis / Resultat, dass ...
F erzielt das Ergebnis X
F gewinnt das Resultat X
N führt zu dem Ergebnis / Resultat X
N liefert eindeutige Resultate
N ist das Ergebnis / Resultat einer Untersuchung von D
als Ergebnis von D entsteht N / bildet sich N (z.b. in der Chemie)
den Ergebnissen der T kommt besondere Bedeutung zu
im Resultat zeigt sich, dass ...

ein Ergebnis / Resultat
- ist nachweisbar, messbar, feststellbar
- ist zuverlässig, gesichert
- lässt die Annahme / Folgerung zu, dass ...
- legt die Schlussfolgerung nahe, dass ...
- ist brauchbar, bedeutsam, wichtig, wertvoll
- ist einseitig, irreführend, ungesichert

9.2 Sehen = Erkennen – ein beliebtes sprachliches Bild

Wort	grammatische Eigenschaften	Bedeutung und Verwendung in der AWS
sehen	F sieht A	a) visuelles Wahrnehmen b) geistig, psychisch: bemerken, verstehen, einsehen
einsehen	F sieht A ein	Objekt ist z.B. ein Argument oder eine Notwendigkeit
ansehen (als)	F sieht A als A an	wie: F beurteilt A als A; F hält A für ein A
ersehen (aus)	das Ergebnis ersieht man aus D aus D ist zu ersehen, dass ...	wie: erkennen, ablesen aus
beleuchten	N beleuchtet A meist: F beleuchtet A	[Subjekt] macht etwas deutlich, geht auf A genauer ein
einleuchten	N leuchtet D ein Es leuchtet ein, dass ...	Was einleuchtet, ist eine Aussage, eine Vermutung oder ein Argument.
betrachten	– F betrachtet A als A – F betrachtet A (unter einem Aspekt)	a) betrachten als (wie ansehen als) b) im Sinne von analysieren, untersuchen

Licht werfen auf	N wirft Licht auf A	[Subjekt] ist Quelle einer neuen Erkenntnis, meist ein Sachverhalt
klar, evident, durchsichtig	N ist / wird D klar (einer Person) / Es ist klar, dass …	verständlich sein, nachvollziehbar sein
deutlich	N wird aus D deutlich aus / an D wird deutlich, dass	wie: verständlich, einsehbar, klar
klären	F klärt A	Ergebnis der Klärung ist ein vollständiges Wissen über A
erklären	F erklärt A	F legt den Grund / den Begriff in Rede oder Text befriedigend dar
deuten (als)	F deutet A als A	wie: F versteht A als A
scheinen	N scheint (ein) N zu sein N scheint sich wie (ein) N zu verhalten	Vorfeld einer Tatsachenaussage, noch unbestätigt
erscheinen (als)	N erscheint als N [dem F]	wie bei *scheinen*
anscheinend	N ist anscheinend ein N	Es gibt Hinweise darauf, dass die Aussage stimmt, aber dem Sprecher fehlt noch die Sicherheit.
scheinbar	N ist (nur) scheinbar ein N	In Wirklichkeit ist N kein N, d.h. die Aussage beruht auf einer Täuschung.
offensichtlich	N ist offensichtlich ein N	Nach allem, was bisher bekannt ist, stimmt diese Aussage (vorsichtige Tatsachenbeschreibung).

Grammatischer Hinweis zu den Konstruktionen mit „als": Die Tabelle zeigt eine Reihe von Verben, die nach dem Muster ‚A als A sehen' benutzt werden können: *verstehen, deuten, ansehen, beurteilen* … Der Anschluss mit „als" richtet sich im Kasus immer nach dem Bezugsglied (die sog. Kasuskongruenz), meist ist es ein Akkusativobjekt. Bei einem Substantiv kann es aber ein Genitiv sein, z.B.: *Das Verständnis des Phänomens als (einer) Ausnahme*.

9.2.1 der Blick, die Sicht und Verwandtes

In der AWS kommen außer *Blick* und *Sicht* noch einige abgeleitete und inhaltlich ähnliche Substantive zum Einsatz:

– der Gesichtspunkt (vgl. 9.2.4), die Einsicht, die Übersicht (vgl. 9.2.2)
– der Einblick, der Blickwinkel, das Blickfeld, die Blickrichtung
– ein *Ausblick* wird meist auf die künftige Forschung bezogen.

Ableitungen und Fügungen

aus D ist zu ersehen, dass ...
an D sieht man, dass ...
auf den ersten Blick erscheint N als N
F wirft einen (besonderen) Blick auf A
aus dem Blickwinkel von F stellt N sich als N dar
ein Thema wird aus dem Blickfeld von D verbannt
F betrachtet A aus der Sicht von D (F oder T)
F nimmt A in den Blick
eine Sichtweise wird für A fruchtbar
aus Sicht von F (Sicht der Schule / des Ansatzes) ist N ein N
die Sichtung von D lohnt sich
mit Hilfe von T gewinnt man einen Einblick in A
N gewährt / eröffnet einen Einblick in A

Hinweis:

Wortbildungen und Fügungen wie *im Hinblick auf A, hinsichtlich G, mit Blick
auf A* sind sehr fest gewordene Formeln mit dem grammatischen Wert einer Präposition. Darin sind sie den Wendungen *bezüglich G* und *mit Bezug auf A* sehr
ähnlich.

Verwendungsbeispiele

B1   „Indem wir uns dieser Frage zuwenden, gewinnen wir einen Einblick in je-
     ne Gesetzmäßigkeiten, die der Benutzung und Differenzierung von Opera-
     tionsklassen zugrunde liegen, wie sie durch die elementaren Gesetze der
     Transformationsgruppen und ihrer abstraktiven Verkürzung ausgebildet
     werden (vgl. 8.23.). Die letzten Anmerkungen gestatten es darüber hinaus,
     Gesetzmäßigkeiten des Zusammenhangs von Denken und Sprache in das
     nähere Blickfeld zu rücken."

                                                        (aus: Klix 1971, S. 636)

B2   „Gerade mit Blick auf die Lehre des Deutschen als einer fremden Sprache
     hat diese Situation offensichtlich verunsichernde Folgen."

                                                        (aus: Ehlich 1993, S. 18)

B3   „Zweifellos sind in den funktionalen Grammatiken viele Phänomene neu in
     den Blick gerückt oder überhaupt erst grammatischer Betrachtung zugäng-
     lich gemacht worden."

                                                        (aus: Redder 1990, S. 11)

B4   Im Anschluss werden die wesentlichen Veränderungen des Schriftgebrauchs
      durch den Buchdruck aufgezeigt. Der Blick soll hier aber im Wesentlichen
      darauf liegen, inwieweit sich die vorher beschriebene kulturelle Tradition
      durch den Verschriftlichungsschub gewandelt hat.

(aus einer studentischen Hausarbeit)

9.2.2 die Übersicht, der Überblick, übersehen, überschauen

Fügungen

Kap. 2 gibt einen Überblick über A

F gibt einen Überblick über die Forschung

die ⎰ nachstehende ⎱ Übersicht über A
   ⎰ folgende ⎱
   ⎰ abschließende ⎱

nach einem kurzen Überblick über A ...

in dem folgenden Überblick soll N darstellt werden

durch die Studie gewinnt man einen Überblick über A

F verschafft sich eine Übersicht / einen Überblick über A

die Darstellung verschafft dem Leser eine Übersicht / einen Überblick
über A

die Befassung mit D ermöglicht einen groben Überblick über A

die Menge an Literatur ist unüberschaubar geworden

die Zahl der Publikationen ist kaum zu übersehen / überschauen

die Darstellung von D ist übersichtlich

ein Erklärungsversuch kann nicht darüber hinwegsehen, dass ...

ein ⎰ genauer / detaillierter ⎱ Überblick
   ⎰ kurzer / grober ⎱
   ⎰ ausführlicher / gründlicher ⎱

der besseren Übersicht halber

um der besseren Übersicht willen

Verwendungsbeispiele

B1   Es soll hier versucht werden, einen ordnenden Überblick über die bisheri-
      gen geographischen Arbeiten zu geben, mit einem besonderen Blick auf
      den Wandel der Betrachtungsweisen und Darstellungsweisen im Laufe der
      Forschungsgeschichte.

(aus: Korpus Graefen, Fach Stadtgeographie)

B2   Die Faktoren der Erkrankung sind der besseren Übersicht halber in einer
      Tabelle zusammengestellt.

9.2.3 Betracht, die Betrachtung, die Betrachtungsweise

In der Alltagssprache meint das Verb *betrachten*: etwas aufmerksam und genau
ansehen. In der AWS kommt diese Bedeutung auch vor, in der Mehrzahl der

Fälle ist aber eine geistige Beschäftigung mit Untersuchungsergebnissen oder Aussagen gemeint.

Das Substantiv *Betrachtung* kann sowohl auf die konkrete Tätigkeit bezogen werden wie auch auf die Art und Weise der Beschäftigung mit dem Gegenstand; *Betrachtung* und *Betrachtungsweise* haben dann eine mit *Ansatz* oder *Schule* vergleichbare Bedeutung.

Fügungen

N wird als N betrachtet

F zieht A in Betracht

N kommt als Grund / Quelle für A in Betracht

die Frage X kann außer Betracht bleiben

N entzieht sich der Betrachtung

die Betrachtung des G als G

die nähere Betrachtung von D zeigt, dass ...

Ausgangspunkt der Betrachtung ist N

eine $\left\{\begin{array}{l}\text{vergleichende}\\\text{ganzheitliche}\\\text{kritische}\end{array}\right\}$ Betrachtung

F entwickelt die Betrachtungsweise X

die Betrachtungen von F zu D zeigen A

F führt die Betrachtungsweise X weiter

die soziologische Betrachtungsweise zeigt Probleme auf

die Betrachtung von D $\left\{\begin{array}{l}\text{führt zu D}\\\text{macht deutlich, dass ...}\\\text{bedingt A}\end{array}\right.$

die heutigen Betrachtungsansätze

die $\left\{\begin{array}{l}\text{Nachteile}\\\text{Unschärfen}\\\text{Probleme}\end{array}\right\}$ der Betrachtungsweise X

eine Betrachtung(sweise) ist in D / bei D vertreten

Verwendungsbeispiele

B1   „Es soll hier versucht werden, einen ordnenden Überblick über die bisherigen geographischen Arbeiten zu geben, mit einem besonderen Blick auf den Wandel der Betrachtungsweisen und Darstellungsweisen im Laufe der Forschungsgeschichte."

(Korpus Graefen, Fach Stadtgeographie)

B2   Dies belegen u.a. die ... Cluster und die darin erkennbare perspektivische Vielfalt der Betrachtungsweisen bei unterschiedlicher Schwerpunktsetzung.

(aus: Lehnen / Jakobs 2003, S. 402)

9.2.4 der Gesichtspunkt

Fügungen

F beurteilt A nach fachlichen Gesichtspunkten
F bringt einen Gesichtspunkt heran / vor
die maßgeblichen Gesichtspunkte werden in T dargelegt
hinzu kommt ein weiterer Gesichtspunkt: ...
unter dem Gesichtspunkt des Schutzes der Rechte
unter folgendem Gesichtspunkt
ethische Gesichtspunkte spielen dabei keine Rolle
der Gesichtspunkt X wird von F anerkannt
von diesem Gesichtspunkt her ist N zweifelhaft
unter übergeordneten Gesichtspunkten stellt sich N anders dar
N wird unter einem zweifachen Gesichtspunkt betrachtet
die Auswahl erfolgt nach drei Gesichtspunkten: ...

9.2.5 das Licht, beleuchten

Fügungen

ein Befund / ein Ergebnis bringt Licht in A
im Lichte des G / von D zeigt sich N
F betrachtet A im Lichte von D
das Ergebnis beleuchtet das Wesen / die Natur von D
N wird in einigen Aspekten beleuchtet
F beleuchtet einen Problemzusammenhang
im Folgenden sei die Frage X genauer beleuchtet

Verwendungsbeispiele

B1   Der Autor will „zunächst den Zusammenhang von Wissenschaftssprache
und Alltagssprache kurz im Licht der bisher entwickelten Überlegungen
betrachten."

(aus: Ehlich 1993, S. 32)

B2   „Es verbleibt die Aufgabe, von der Tiefenstruktur wieder zurück an die
sprachliche Oberfläche zu treten und sie nunmehr im Lichte der funktionalen Begriffe ihrerseits zu untersuchen."

(aus: Redder 1990, S. 5)

9.2.6 der Vordergrund, der Hintergrund

Seitdem der ursprünglich optische Begriff *Perspektive* in die Wissenschaftssprache gelangt ist (seit Albrecht Dürer im 17. Jh.), haben auch damit zusammenhängende Ausdrücke wie *Vordergrund / Hintergrund* eine „Karriere" gemacht.

Fügungen

bei D $\quad\left[\begin{array}{l}\text{tritt N in den Hintergrund / Vordergrund}\\\text{steht N im Hintergrund / Vordergrund}\end{array}\right.$

demgegenüber tritt N in den Hintergrund

der Autor stellt / rückt A in den Vordergrund

der Hintergrund seiner Überlegungen ist N

F hat den Hintergrund von D außer Acht gelassen

auf dem Hintergrund $\quad\left\{\begin{array}{l}\text{des Modells}\\\text{einer Theorie}\\\text{der Forschung}\end{array}\right.$

vor dem Hintergrund von D

Verwendungsbeispiele

B1   „Diese Fragestellungen einer allgemeinen Stadtgeographie stehen im Vordergrund, sie strukturieren die Gesamtdarstellung und bestimmen die Auswahl des Materials und der Aspekte, die zur Darstellung kommen."

(aus: Korpus Graefen, Fach Stadtgeographie)

B2   „Die Forderung an den Autor, explizit anzuzeigen, auf welchen Wissens-
hintergrund er sich stützt, wurde bereits in der Antike formuliert."

(aus: Jakobs 1997, S. 158)

9.2.7 das Bild, abbilden

Fügungen

die Forschung vermittelt ein Bild von D (Bild des G)

die Analysen $\quad\left[\begin{array}{l}\text{ergeben das erwartete Bild}\\\text{bieten ein uneinheitliches Bild}\end{array}\right.$

das Bild von D ist durch A geprägt

das Bild von D trügt

F macht sich ein Bild von D

auf Basis von D lässt sich ein anderes Bild gewinnen

neue Erkenntnisse stoßen das Bild von D um

das bisherige Bild von D wird revidiert

in dieses Bild passt die Feststellung, dass ...

N gibt ein $\quad\left\{\begin{array}{l}\text{passendes}\\\text{verfälschtes}\\\text{verklärtes}\end{array}\right\}$ Bild von D ab

F entwirft ein Bild von D, das durch A gekennzeichnet ist

F zeichnet ein Bild von D, das ...

N bildet A ab

in D bildet sich N ab

die Daten $\left\{\begin{array}{l}\text{geben} \\ \text{vermitteln} \\ \text{suggerieren}\end{array}\right\}$ ein positives Gesamtbild

das (Gesamt-)Bild relativiert sich

Verwendungsbeispiele

B1   Offensichtlich vermittelt diese Sprache das Bild einer bestechenden Objektivität. In Zahlen und mathematischen Formeln scheint die Wirklichkeit abgebildet zu sein.

(leicht verändert aus Schiewe 1996, S. 287)

B2   Für Klaus Harpprecht ist der Rechtsextremismus die Hinterlassenschaft des Nazismus, der angeblich „unter der Stahlglocke der ‚antifaschistischen (Ost-)Republik' ... weiterbrüten konnte". Mit anderen Worten: der Kommunismus ist schuld. Harpprecht zeichnet ein Bild der geistigen Verfassung Ostdeutschlands, das selbst die Errichtung eines Notstandsregimes plausibel erscheinen läßt: ...

(aus: Solche Klischees schmerzen, 1998, S. 80)

9.2.8   Ausnahmebedingungen nennen: absehen von

Das Verb *absehen* wird in zwei Bedeutungen in der AWS gebraucht:

a) im Sinne von *voraussehen*, Beispiel: *Das Ende ist abzusehen*

b) *F sieht von X ab*, wobei X eine Handlung sein kann, die normal oder naheliegend ist, aber nicht gemacht wird.

F kann auch von Eigenschaften des Gegenstandes absehen. Die koreanische Sprachforscherin Solja Paek (1993, S. 118) beschreibt die Funktion des Verbs so: „Der Autor nimmt die Operation „Ausschließen" vor ... Er schließt zunächst die „Feinheiten" aus, die in diesem argumentativen Zusammenhang weniger wichtig erscheinen."

Das ist nach Paek dann legitim, wenn es im Text um eine generelle Aussage geht.

Fügungen

F sieht davon ab, A zu tun

abgesehen von D ist N ...

abgesehen davon, dass ...

wenn man (einmal) $\left[\begin{array}{l}\text{davon absieht, dass ...} \\ \text{von D absieht}\end{array}\right.$

F sieht davon ab, A zu tun

9.2.9 Übung: Studentische Produktionen beurteilen / verbessern

Aufgabe: Welche Ausdrücke oder Formulierungen sind in den folgenden Beispielen problematisch? Markieren Sie die entsprechenden Stellen und formulieren Sie Verbesserungsvorschläge.

---

1. „Da sich Fachtexte teilweise erheblich ... unterscheiden, lässt sich nur schwer ein einheitliches Bild des Satzbaus in Fachtexten entwerfen."

2. „Traditioneller Unterricht fasst den Lehrer und das Lernen in den Blick und geht von der Überzeugung aus, ...".

3. „Wie es aus dem Titel meiner Arbeit zu sehen ist, werde ich mich hier mit X beschäftigen."

4. „Da ein Kind bei seinen ersten Sprechversuchen niemals vollständige Wörter produziert, werde ich zunächst einen Überblick auf den Erwerb der Sprache allgemein geben ..."

5. „Es wird im folgenden ein allgemeiner Überblick über die beiden Begriffe „Satz" und „Äußerung" ... geworfen."

6. „Die Arbeit soll einen kurzen Überblick über den Zusammenhang zwischen ... aufzeigen."

7. „Zu einer genaueren Betrachtung der Herkunft und Entwicklung von Präpositionen benötigt man einen scharfen Überblick in der Geschichte der deutschen Sprache."

8. „Der Abschluss der Stunde richtet seinen Blick vor allem nochmals auf ..."

9. „Bei der sechsten Frage ist der Blickpunkt auf die Unterstützung bei den Schulaufgaben gelegt."

10. „Ulrich Engels Beitrag wirft den Blick auf die Funktionen der Sprechakte."

11. „Die Substitution von bereits Gesagtem wurde von vielen Wissenschaftlern (wie Klaus Brinker und Heinz Vater) eingehend beleuchtet und beschrieben."

12. „Durch das silbenanalytische Verfahren beim Schreibenlernen wird ein erster Einblick in das Verstehen des Aufbaus unserer Schriftsprache gegeben."

13. „Bis jetzt wurde mehr über X gesprochen. Jetzt wird ein anderes interessantes Phänomen in Betracht kommen."

9.3 Der Diskurs über Wissenschaft

9.3.1 gründen, begründen, ergründen

Diese Verben benutzen die doppelte Bedeutung des Wortes *Grund* als a) Grundlage, Basis, b) Ursache (kausal) (s. Kap. 3).

Das Verb *gründen* kommt wissenschaftssprachlich meist in der Variante: *sich gründen auf A* vor.

Das Verb *ergründen* bezeichnet eine erfolgreiche Reflexion oder Forschungsleistung, die nicht nur neues Wissen schafft, sondern auch das Phänomen vollständig erfasst.

Das Verb *begründen* ist das schwierigste. Ein Satz mit diesem Verb kann

a) einen Grund nennen,

b) die Ursache und Grundlage für etwas sein,

c) die Leistung z.B. eines Forschers sein, wenn er eine Disziplin oder ein Fachgebiet anfänglich und grundlegend bearbeitet.

Verwendungsbeispiel

B1 Im 18. Jh. fand an den Universitäten ein Sprachenwechsel von Latein zu Deutsch statt. „Dieser ... steht in einem inneren Zusammenhang mit dem gesellschaftlichen Funktionswandel der Universität als Bildungsinstitution und einem Austausch der Denkstile im Bereich der Wissenschaften. Alle drei Wandlungen zusammen begründen den Übergang von der mittelalterlichen zur neuzeitlichen Universität."

(aus: Schiewe 1996, S. 277)

9.3.2 bezeichnen, kennzeichnen

Beide Verben und die dazu gehörigen Substantive werden ähnlich gebraucht, aber eine Kennzeichnung drückt etwas (oder sogar viel) über den gemeinten Gegenstand aus, während eine Bezeichnung (vgl. auch Kap. 2) ein reiner Name sein kann.

Fügungen

N ist durch die Eigenschaft A gekennzeichnet
N wird im Allgemeinen als [Name] bezeichnet
als [Name] wird meist / normalerweise N bezeichnet
wesentliches Kennzeichen
ein wesentliches Kennzeichen ⎱ von D ist N
das wesentliche Kennzeichen ⎰
N ist ein hervorstechendes Kennzeichen von D
das spezifische Kennzeichen von D ist N / besteht in D
N lässt sich grob durch A kennzeichnen

Verwendungsbeispiele

B1 „Das Gesellschaftsverständnis der Moderne hat A. D. Smith treffend als „methodologischen Nationalismus" gekennzeichnet: Gesellschaft und Staat werden deckungsgleich gedacht, organisiert, gelebt."

(aus: Beck 1999, S. 115)

B2 „Die heutige Lage lässt sich grob wie folgt kennzeichnen: Immer weniger Menschen wissen immer mehr von immer weniger Sachen, die aber letzten Endes immer mehr Menschen angehen."

(aus: Oksaar 1985, S. 105)

9.3.3 Anleihen bei der Mathematik: ordnen, rechnen, zählen

Einige Ausdrücke aus dem Bereich des Rechnens und anderer mathematischer Operationen haben einen festen Platz in der AWS bekommen. Verben wie *zählen* und *rechnen* werden sehr häufig gebraucht, um begriffliche Abgrenzungen, Einteilungen, Klassifizierungen sprachlich zu verdeutlichen, auch wenn es nicht um Zahlen oder mathematische Einheiten geht.

Fügungen

N wird im Allgemeinen zu den D gerechnet
zu den D zählt auch N
N ist der Klasse der G zuzurechnen / zuzuordnen
F spricht sich gegen die Zurechnung von D zu D aus
F trägt der Bedeutung von D Rechnung
F stellt bei seiner Untersuchung A in Rechnung
N hat einen großen (hohen) Stellenwert innerhalb von D
N verdeutlicht den besonderen Stellenwert von D
die N (Plural) teilen sich in die A und die A
die Zuordnung von D zu D bereitet Schwierigkeiten

Verwendungsbeispiele

B1 In der Grammatik von Helbig / Buscha werden die Präpositionen als Wortart zu den Fügewörtern gerechnet.

B2 Ausrufe passen nicht zu den grundlegenden Annahmen der Grammatiktheorie. „Exklamationen sind nicht verrechenbar."

(aus: Ehlich 2004, S. 77)

9.3.4 der Aspekt

Die Ausgangsbedeutung von *Aspekt* hat mit dem Sehen zu tun: ursprünglich war es der Anblick, später der Gesichtspunkt, dann wurde *Aspekt* auch auf das Denken bezogen. Ein Aspekt ist also kein *Teil* des betrachteten Gegenstandes, sondern eine Blickrichtung, eine Perspektive, die der Betrachter einnehmen kann.

Im Allgemeinen werden mehrere Aspekte oder Gesichtspunkte genannt oder es sind mehrere möglich.

Fügungen

N ist unter dem Aspekt X ⎨ wichtig / interessant / auffallend

N behandelt einen bestimmten Aspekt von D

ein Thema kann behandelt werden unter ⎨ inhaltlichen / formalen / historischen / räumlichen ⎬ Aspekten

unter dem Aspekt X fällt auf, dass ...

ein Aspekt wird durch eine Untersuchung / eine Methode erfasst

Ein ausführliches Verwendungsbeispiel (Textauszug)

„Ich habe vier Aspekte unterschieden, in denen Deutsch als Wissenschaftssprache als eine fremde Sprache oder als eine fremde Sprachvarietät erscheinen kann:

(1) Deutsch kann eine fremde Wissenschaftssprache sein, sofern eine Wissenschaftssprache selbst, als eigene Varietät einer Sprache, einzelnen Sprechern und Sprechergruppen fremd ist. Dies ist die Situation, in der sich Lernende aus der Gruppe der Muttersprachler befinden. Das Studium ist der Ort, an dem diese Fremdheit überwunden werden kann. Es ist also immer auch Sprachschulung.

(2) Deutsch kann eine fremde Wissenschaftssprache sein für Lernende, die nicht zur Gruppe der Muttersprachler gehören. Deutsch als fremde Wissenschaftssprache bezieht sich hier auf den größeren Kontext des Deutschen als Fremdsprache und bezeichnet einen ... Bereich der Sprache, die zu erwerben sie sich mühen. Besondere Teile des Deutsch-als-Fremdsprache-Curriculums sind der Ort, an dem diese Fremde (wenn sie denn besteht) aufgehoben wird.

(3) Deutsch kann zur fremden Wissenschaftssprache werden im Kontext historischer Prozesse, in denen sie ihrer genuinen Sprachgruppe fremd wird, weil sie den Ort ihres Gebrauchs verliert.[3] Die Beschäftigung mit dem Deutschen als Fremdsprache geschieht heute im Horizont dieser Problematik ...

(4) Deutsch ist eine fremde Wissenschaftssprache schließlich noch immer in vielen Hinsichten als Sprachvarietät, für die sich unsere Kenntnisse als unzureichend erweisen. Diese deskriptiv-analytische Fremdheit ist zutiefst mit dem Zustand der Linguistik verbunden ..."

(aus: Ehlich 1993, S. 20)

---

3 Gemeint ist hier, dass die englische Sprache in vielen Fächern zur Sprache wissenschaftlicher Publikationen, z.T. auch der Lehre, geworden ist.

9.3.5 Übung: der Aspekt, die Perspektive etc.

Aufgabe: Beurteilen Sie die folgenden Textstellen daraufhin, ob der Begriff Aspekt passend verwendet ist.

1. „Dabei treten je nach Fragestellung semantische, syntaktische oder pragmatische Aspekte in den Vordergrund."

2. „Insgesamt sollen bei den so dargestellten Anregungen für die Didaktik die Überlegungen zu den vorher behandelten Aspekten Berücksichtigung finden."

3. „Entsprechend der Lewinschen Theorie ist der gesamte Lebensraum, mindestens aber die menschliche Person, differenziert organisiert; es gibt zentrale und periphere Bereiche sowie verschiedene Realitätsebenen. Hinzu kommt die zeitliche Dimension, als temporale Perspektive des Individuums, aber auch unter dem Entwicklungsaspekt."

4. „Schrift musste in den 70ern folgende Aspekte beinhalten, den kommunikativen, den ökonomischen und den orthographischen."

5. Schreiben und Sprechen sind seit jeher ein wichtiger Aspekt in der Kommunikation des Menschen.

9.3.6 der Ansatz

Grundbedeutung: Das Verb *ansetzen* überschneidet sich in der Bedeutung mit *beginnen*. Das Substantiv hat alltagssprachliche (z.b. Ansatz einer Blüte an einer Pflanze) und auch technische Gebrauchsweisen. Gemeinsames Bedeutungselement: Anfang von etwas.

Ein Ansatz ist in der Welt der Wissenschaft oft methodischer Art. Es geht um die zur Erforschung gewählte Methode, die die Art des Anfangs (dann auch die weitere Arbeit) bestimmt. Im erweiterten Sinne fasst man mit dem Wort *Ansatz* auch die Gruppe der so arbeitenden Forscher und ihre Publikationen zusammen; *Ansatz* gewinnt dann die Bedeutung von *Denkrichtung* oder *Schule*.

Fügungen

ein Ansatz ist unter dem Namen X bekannt
ein Ansatz beschäftigt sich mit D
in einem Ansatz wird mit bestimmten Begriffen gearbeitet
F vertritt einen Ansatz / F ist ein Vertreter des Ansatzes
F erschließt von einem Ansatz her einen Bereich
F entscheidet sich für den Ansatz X
F entwickelt den Ansatz weiter
in D gibt es Ansätze zu einer systematischen Bearbeitung von D
der Ansatz X ist gescheitert

$$\text{ein} \left\{ \begin{array}{l} \text{älterer} \\ \text{traditioneller} \\ \text{aktueller} \end{array} \right\} \text{Ansatz}$$

Verwendungsbeispiel

B1   Dafür „steht mit der von Joshua Fishman ausgearbeiteten Frage *Wer spricht wann zu wem in welcher Sprache?* ein praktikabler Ansatz zur Verfügung."

(aus: Schiewe 1996, S. 186)

9.3.7 die Annahme, die Vermutung, die These

Der Ausdruck *Annahme* hat in der Wissenschaftssprache meist die Bedeutung: theoretisch begründete Vermutung. Thesen sind in der wissenschaftlichen Kommunikation (Reden und Texte) nach traditionellem Verständnis meist keine Vermutungen, sondern eine Form der Darstellung in Lehrsätzen oder Leitsätzen, entweder zu Beginn eines Texts, als Ausgangspunkt der Argumentation oder auch als Zusammenfassung (siehe unten B2). Heute wird *These* meist als Kurzform von *Hypothese* verstanden und gleichbedeutend benutzt (siehe unten B3). Die Ausdrücke *Annahme* und *These* werden häufiger benutzt als der vom Griechischen abgeleitete Ausdruck *Hypothese*.

Die Hypothese ist eine wissenschaftlich begründete Annahme, die zum Zweck einer Beweisführung formuliert und dem Text vorangestellt wird. Die Forschungshypothese ähnelt in der Funktion der Forschungsfrage oder Leitfrage.

Fügungen

F stellt Annahmen / Vermutungen an über A
Es besteht Grund zu der Annahme / Vermutung, dass ...
aus einer Annahme / Vermutung leitet sich N ab / ergibt sich N
unter einer Annahme bestätigt sich / zeigt sich / ergibt sich N
gegen diese Annahme spricht N
einer Theorie liegen Annahmen zugrunde
eine Theorie basiert auf der Annahme, dass ...
in einer Theorie wird von der Annahme X ausgegangen

$$\text{F} \left\{ \begin{array}{l} \text{trifft eine Annahme, macht eine Annahme} \\ \text{modifiziert eine Annahme / Vermutung} \\ \text{testet eine Annahme} \\ \text{setzt sich mit einer Annahme / Vermutung auseinander} \\ \text{geht von einer Annahme aus} \\ \text{kontrastiert eine Annahme mit D (z.B. mit einer anderen Annahme)} \end{array} \right.$$

$$\text{eine Beobachtung} \left\{ \begin{array}{l} \text{legt eine Annahme nahe} \\ \text{beruht auf einer (falschen) Annahme} \\ \text{stützt die Annahme, dass ...} \\ \text{bestätigt die Annahme, dass ...} \end{array} \right.$$

                                ⌐ wird abgesichert / gestützt durch A
                                ├ ist anwendbar auf A
eine Annahme   ┤ bestätigt sich / wird bestätigt durch A
                                ├ ist naheliegend
                                ├ ist bewiesen durch A
                                └ ist gültig für A / in Bezug auf A

                                ⌐ ist N unterstellt
bei einer Annahme   ┤ ist N ausgeschlossen
                                ├ zeigt sich / ergibt sich N
                                └ bestätigt sich N

bewertende Formulierungen:

                                ⌐ ist plausibel
                                ├ ist gut nachvollziehbar
eine Annahme   ┤ ist sinnvoll
                                ├ ist (wirkt) unklar, vereinfachend
                                ├ ist eine Illusion
                                └ ist irreal

Verwendungsbeispiele

B1   „Auf der Grundlage der ... Zahlen über Buchauflagen, Buchverkauf und Ein-
       wohner in größeren Städten hat man Vermutungen darüber angestellt, mit
       wievielen Lesern am Ende des 15. Jh. gerechnet werden kann."

                                                                    (aus: Schiewe 1996, S. 27)

B2   „Einem alten, in der Universitätsgeschichte jahrhundertelang gepflegten,
       inzwischen aber nahezu vollständig abgelegten Brauch folgend, wird die
       Zusammenfassung dieser Arbeit in Form von Thesen gegeben."

                                                                   (aus: Schiewe 1996, S. 277)

B3   „Für die Sprachgeschichte der Freiburger ... Universität wurde die im Zen-
       trum dieser Arbeit stehende These begründet, daß der Sprachenwechsel
       vom Lateinischen zum Deutschen in den von der Institution ‚Universität'
       dominierten Sprachsphären ... wesentlich verbunden war mit einem gesell-
       schaftlichen Funktionswandel der Universität selbst".

                                                                   (aus: Schiewe 1996, S. 281)

B4   Im Titel eines Aufsatzes von Saltveit (1960) „Besitzt die deutsche Sprache
       ein Futur?" verbirgt sich die Hypothese, die deutsche Sprache habe kein
       Futur.

                                                                       (aus: Paek 1993, S. 32)

Aufgabe: Was fällt Ihnen an der Verwendung von *Annahme* in dem nachfolgenden
                    Textauszug auf? Wie könnte man das verbessern?

Mit dem Wort Transfer versteht man die Übertragung, die man in positive und
negative Übertragung unterteilen kann. Die erste Annahme geht davon aus,
dass ähnliche Wörter und grammatische Strukturen leicht und schnell übernommen werden. ... Die zweite Annahme spricht sich dafür aus, dass unterschiedliche Wörter ... übernommen werden. Die Zielsetzung dieser Annahmen

ist die Hoffnung, Sprachkurse entsprechend einrichten zu können, Fehlerarten
zu erkennen (Fehlertypologie) und in Zukunft zu vermeiden (Fehlervermei-
dung).

(aus: Prot. Fach Deutsch)

9.3.8 das Modell

Ein Modell ist ein Entwurf, der oft als ein Muster dient oder dienen soll, ähnlich
wie ein Prototyp. Modelle sind in der Praxis wichtig z.b. für die Produktion von
Verkehrsmitteln wie Auto, Schiff, Flugzeug, für die Mode etc. Mathematiker,
Physiker, Statistiker verwenden Modelle für Berechnungen. In der Wissenschaftssprache sind Modelle oft noch etwas anderes, nämlich sehr grundlegende
Annahmen oder Theorien über einen Gegenstand. Zum Beispiel entwerfen Päda-
gogen Modelle von Bildung, Linguisten arbeiten mit Modellen von Kommunikation.

Fügungen

F zieht ein Modell heran (zur Berechnung, zur Erklärung)
F hat die Grundlagen für ein Modell gelegt
F entwickelt / konstruiert das Modell T
F denkt ein Modell zu Ende
in dem Modell X wird N berücksichtigt
N ist ein gängiges Modell von D / für A
ein Modell liefert Werte / Ergebnisse / Annahmen
das Modell postuliert A
die Studie von F hat als Modell weitreichende Wirkung
ein Modell ist Ausgangspunkt einer Schule / eines Ansatzes

ein Modell
- sagt A voraus
- führt zu Prognosen über A
- bietet eine Erklärung von D
- lässt sich auf F zurückführen

Verwendungsbeispiele

B1 Thema ist der Wechsel von Latein zu Deutsch an den früheren Universitäten: „Um diese Normen und ihren Wandel beschreiben zu können, erscheint
es angebracht, die universitären Kommunikationsverhältnisse modellhaft zu
gliedern. Ein solches Kommunikationsmodell, das sich aus dem institutionellen Aufbau der Universität und aus den überlieferten Quellen entwickeln
läßt, ist ... in ein Sprachenwahlmodell zu überführen."

(aus: Schiewe 1996, S. 186)

B2 „Im folgenden sollen die wichtigsten Interpretationsmuster für Macht- und
Einflußstrukturen im politischen System Japans vorgestellt werden. Es sind
dies das Modell bürokratischer Herrschaft, das Elitemodell, das Pluralis-
musmodell und das Korporatismusmodell."

(aus: Korpus Graefen, Fach Politikwissenschaft)

9.3.9 die Ebene

Von Ebenen wird häufig gesprochen, wenn man sich einen komplexen Gegenstand als räumliches Modell vorstellt. Mit Hilfe von gedachten Ebenen kann man Wissen ordnen und einzelne Beobachtungen übersichtlicher ordnen. Die Vorstellung einer Ebene entspricht meistens der Idee einer Stufe in einer Hierarchie. Ein Sprachwissenschaftler kann aber zum Beispiel die Ebenen der gesprochenen und der geschriebenen Sprache unterscheiden, ohne an eine Rangfolge zu denken.

Fügungen

auf $\left\{\begin{array}{l}\text{der politischen}\\\text{der internationalen}\\\text{der begrifflichen}\end{array}\right\}$ Ebene

die Phänomene liegen auf verschiedenen Ebenen
N liegt auf einer anderen Ebene
F stellt A auf eine Ebene mit D
F befasst sich mit D auf der Ebene X

der Terminus X liegt $\left\{\begin{array}{l}\text{auf einer elementareren Ebene}\\\text{auf einer höheren Ebene}\\\text{auf einer anderen Ebene}\end{array}\right.$

eine zweite Ebene stellt N dar
N durchläuft verschiedene Ebenen

Verwendungsbeispiele

B1   „Diese [Autoren] haben darauf hingewiesen, daß in Japan die Gewerkschaften auf betrieblicher, nicht aber auf der Ebene nationaler Politikformulierung eingebunden sind."

(aus: Korpus Graefen, Fach Politikwissenschaft)

B2   In der Orthographie gibt es zwei Hauptprinzipien, die auf einer niedrigeren Ebene aus jeweils einer Reihe von Einzelprinzipien bestehen.

(verkürzt aus: Nerius 1994, S. 725)

Aufgabe: Beurteilen Sie die studentischen Formulierungen daraufhin, ob der Ausdruck „Ebene" richtig verwendet wird.

---

1.   „Der Erzähler errichtet verschiedene Realitätsebenen, die seiner Kritik den nötigen Raum geben. Die Figur des Kappa (ein Phantasiewesen) ist eine dieser Ebenen."

2.   Die stilistische Ebene gibt an, welche Stilmittel von den Autoren gebraucht werden.

9.3.10 ableiten, die Ableitung

In der AWS meint man mit *Ableitung* eine Denktätigkeit im Sinne von Schluss-folgern, eine gedankliche Weiterentwicklung. Es geht meist darum, wie aus vor-handenem Wissen neues Wissen gewonnen werden kann.

In der Sprachwissenschaft ist eine *Ableitung* ein Wort, das sich aus einem ver-wandten Wort entwickelt hat oder daraus gebildet wird.

Einen Eindruck von mathematischen Ableitungen gibt das Beispiel B1. In der Mathematik ist *Ableitung* aber ein Fachbegriff (das Maß der Veränderung einer Funktion), und die oben beschriebene AWS-Bedeutung wird dort als *Herleitung* bezeichnet.

Fügungen

aus D lässt sich N ableiten
F leitet die Bezeichnung X aus D ab
F schlägt folgende Ableitung vor
die Ableitung von D aus D stützt sich auf A
eine systematische Ableitung

Verwendungsbeispiele

B1   Die Staatsquote ist „diejenige Quote, die durch das Verhältnis von Staats-verbrauch zum Bruttosozialprodukt definiert ist, ... Sie ist die Größe, aus der - wenn überhaupt - die These vom „geschröpften Bürger" korrekterma-ßen abgeleitet werden könnte."

(aus: Korpus Graefen, Fach Ökonomie)

B2   Aus der institutionellen Gliederung der früheren Universitäten „läßt sich das in Abbildung 2 dargestellte Kommunikationsmodell der Universität in ihrem Innenverhältnis ableiten."

(aus: Schiewe 1996, S. 188)

9.3.11 das Kriterium

Ein Kriterium ist ein wichtiges Merkmal, von dem eine Entscheidung, eine Ein-teilung oder eine Beurteilung abhängig gemacht wird.

Fügungen

N ist ein Kriterium für die Zugehörigkeit zur Klasse der G
F hat folgende Kriterien für A aufgestellt: ...
F hat ein Kriterium für die Trennung von D_1 und D_2 entwickelt

N ist ein $\left\{\begin{array}{l}\text{hinreichendes}\\\text{geeignetes}\\\text{zweifelhaftes}\\\text{trennscharfes}\end{array}\right\}$ Kriterium für A

Verwendungsbeispiele

B1   Diese Feststellung ... ist vielleicht Grund genug, über die Adornosche Frage, ob Literatur heiter sein darf und ob Heiterkeit ein positives Kriterium
für die Bewertung der Nachkriegsliteratur sein kann, erneut nachzudenken.

(aus: Korpus Graefen, Fach Literaturwissenschaft)

B2   Nach dem Kriterium des Inhalts unterscheidet man drei Arten von Inter-
viewer ...

B3   Das Chinesische kennt keine grammatischen Endungen der Wörter. Allei-
niges Kriterium für die Beurteilung der Wortart kann nur die syntaktische
Funktion der Wörter sein.

(B2 und B3 aus studentischen Hausarbeiten)

Aufgabe: Verbessern Sie die studentische Formulierung

... könnte man annehmen, dass es sich beim Gastarbeiterdeutsch um ein Pidgin
im weiteren Sinn handelt ... Aber auf der anderen Seite sind einige Kriterien,
die die Merkmale von Pidgins nicht erfüllen, daher ist es nicht korrekt, von einem Pidgindeutsch zu sprechen.

9.3.12   die Rolle, die Schlüsselrolle

Die Fügung *eine Rolle spielen* kann auf praktische oder theoretische Zusammenhänge angewendet werden. Eine *Schlüsselrolle* ist meist auf eine praktische Aufgabe bezogen und von besonderer Wichtigkeit.

Fügungen

N spielt eine Rolle bei D / in D / für A

$$N \text{ spielt eine } \left\{ \begin{array}{l} \text{große} \\ \text{wichtige / zentrale} \\ \text{wesentliche} \\ \text{entscheidende} \\ \text{geringere} \end{array} \right\} \text{ Rolle}$$

N spielt in der Erforschung von X eine immer größere / wachsende Rolle
N erfüllt eine Vermittlerrolle
N hat eine Rolle (inne)
F weist D eine Rolle in / bei D zu
D wird eine Rolle zugesprochen
D fällt eine Rolle in / bei D zu (seltener)
N übernimmt die Rolle X

Verwendungsbeispiele

B1   „Globalisierung ermöglicht ..., daß die Unternehmen, insbesondere die global agierenden, nicht nur eine Schlüsselrolle in der Gestaltung der Wirtschaft, sondern der Gesellschaft insgesamt innehaben."

(aus: Beck 1998, S. 14)

B2   Bei der wissenschaftlichen Begriffsbildung haben Latein und Griechisch in
      der Vergangenheit eine herausragende Rolle gespielt.

9.3.13 Übung: Studentische Produktionen beurteilen / verbessern

Aufgabe: Korrigieren Sie die Formulierungen und notieren Sie Verbesserungsvor-
             schläge.

---

1. Neben anderen Faktoren nimmt Sprache beim Integrationsprozess eine
   entscheidende Rolle ein.

2. Der Aufsatzunterricht stellt (...) eine erhebliche und wichtige Rolle im
   Bereich der schriftlichen Sprachpflege dar.

3. „Englisch hat im Europäischen Union auch eine wichtige Stelle."

4. N „hat eine steigende Rolle" im Bereich X

9.3.14 das Gewicht, der Schwerpunkt, Wert legen

Fügungen

N { bildet den Schwerpunkt einer Betrachtung
      stellt einen der Schwerpunkte der Untersuchung dar
      ist der wesentliche Schwerpunkt von D

der thematische Schwerpunkt ist N
der Text enthält vier Schwerpunkte
die Rede konzentriert sich auf zwei Schwerpunkte
zu den Schwerpunkten der Untersuchung gehört N
N fällt bei einer genaueren Betrachtung sehr ins Gewicht
N hat / erhält großes Gewicht für die Beschreibung
N verleiht dem Urteil von F Gewicht
F misst D großes Gewicht bei
N hat mehr Gewicht als N
N ist ein Faktum von geringem Gewicht
besonderes Gewicht hat N
F legt Gewicht auf die Feststellung, dass ...
F legt Wert auf die Beobachtung X

9.3.15 der Faktor

Der Begriff stammt aus der Mathematik. Dort und in der Statistik sowie den Naturwissenschaften ist *Faktor* ein fachlicher Begriff. Für die allgemeine Wissenschaftssprache kommt als Bedeutung (laut Duden-Fremdwörterbuch) in Frage:
„wichtiger Umstand; mitwirkende, mitbestimmende Ursache, Gesichtspunkt".

Fügungen

kulturelle / soziale
ökonomische / ökologische   } Faktoren
dominante / untergeordnete

N ist ein   { ernst zu nehmender
              wesentlicher   } Faktor
              einflussreicher

F bezieht Faktoren mit ein

N wird durch einen Faktor bestimmt / mitbestimmt
N hängt von verschiedenen Faktoren ab

der Faktor X   { beeinflusst das Verhalten von D
                  ist verantwortlich für A
                  ist maßgebend für A
                  bildet den wichtigsten Faktor für A /
                  bildet den wichtigsten Faktor der Entstehung von D

Verwendungsbeispiele

B1   (Thema: Die mittelalterlichen Universitäten verkehrten mit kirchlichen
      Institutionen über Rechtsfragen in lateinischer Sprache.) „Der formelle
      Charakter des jeweiligen Rechtsaktes dürfte ... ein entscheidender Faktor
      für die Sprachenwahl gewesen sein."

                                               (aus: Schiewe, 1996 S. 198)

B2   Daneben sehen die Forscher „die Gründe für die Stärke der regierenden
      LDP in folgenden Faktoren:
      - Anpassungsfähigkeit der Partei an breite gesellschaftliche Interessen
        aufgrund fehlender ideologischer Bindungen an eine Region oder Klasse.
      - Integrationsleistung der Unterstützungsorganisationen der Partei
        (koen-kai) ...
      - Flexibilität in der Parlamentsarbeit ..."

                                   (aus: Korpus Graefen, Fach Politikwissenschaft)

B3   „Soziale Prozesse ... bilden die wesentlichen Faktoren bei der Entwicklung
      des Selbst."

                                   (aus: Korpus Graefen, Fach Psychologie)

9.4 Versteckte logische Irrtümer

Wenn die genaue Bedeutung von AWS-Ausdrücken nicht bekannt ist oder nicht
berücksichtigt wird, kommt es leicht einmal zu logischen Versehen, z.B. zu Ver-
dopplungen (sog. Tautologien) oder Widersprüchen:

–   Ein Student verspricht in der Einleitung, dass er am Ende der Arbeit ein
     „zusammenfassendes Resümee" geben will.

–   Ein Student plant eine „kontrastive Gegenüberstellung".

–   Eine Studentin vermisst eine „korrekte Aussprachebeherrschung".

–   „Präpositionen können in der Regel nie allein auftreten."

–   „Eine Kompetenzerweiterung ... wird ausgebildet."

9.5 Weitere Übungen zur AWS

9.5.1 Übung: Studentische Produktionen beurteilen / verbessern
Umgangssprache statt Wissenschaftssprache

Aufgabe: Markieren Sie umgangssprachliche Ausdrücke oder Redewendungen und verbessern Sie die Äußerung so, dass sie in einem wissenschaftlichen Text stehen könnte.

1. Ich gehe stark davon aus, dass der Mensch das Medium Buch doch mehr schätzt als vielleicht spekuliert wird.

2. „In der folgenden Arbeit sollen diese Fragen besprochen werden und geklärt werden, wie es sich denn nun verhält mit der Schrift ..."

3. „Also, im Mittelpunkt stehen jetzt Kurzwörter."

4. „Wie man es auch dreht, es drängt sich der Verdacht auf, dass tatsächlich viele Analphabeten Legastheniker sind".

5. „Nehmen wir mal an, ..."

6. ... wir kriegen als Ergebnis ...

7. die Leute verschiedener Kulturen

8. es dreht sich um A

9. Im Folgenden sollen erst mal die Funktionen von D geklärt werden.

10. Diese Schritte werden unternommen, um einem zu helfen bei der Orientierung.

11. X ist ziemlich problematisch

12. Jetzt folgen 3 Typologien ...

13. In diesem Bereich hat sich ein Trend eingeschlichen, ...

14. Die Menschen in der früheren DDR litten unter der ständigen Überwachung durch den Staat und waren unsagbar froh, nach der Wende endlich frei zu sein. ... So ist im Kapitel „Elfjähriger" ein kleiner Junge wahnsinnig stolz, dass er in den Gruppenrat gewählt worden ist. Auch die kleineren Kinder waren von den Schießübungen völlig fasziniert, wie man an einem Jungen im Kapitel „Zwölfjähriger" erkennen kann.

15. Im Gegensatz zum Buch kommt im Film die Kritik besser raus.

16. An das Thema kann man völlig verschieden herangehen.

9.5.2 Lexikalische Übung: Verben ersetzen

Aufgabe: Finden Sie bessere Formulierungen für die Verben oder Adjektive (kursiv). Unten finden Sie ein Angebot von Wörtern zur Auswahl. Wenn sich der Satz dadurch ändert, schreiben Sie ihn auf.

Beispiel: Eine Aussage *hat* einen Wahrheitsgehalt. Lösung: *besitzt*

1. F *findet* eine Aussage zutreffend. _____

2. Änderungen sind *nötig*. _____

3. Der Zweck der Diskussion *ist* die Klärung von X. _____

4. Sitten und Bräuche *sind typisch* für eine Gruppe. _____

5. F hat die Untersuchungen *gemacht*. _____

6. Das Problem wurde mehrfach *besprochen*. _____

7. Der Ursprung dieses Verfahrens *war* im Mittelalter. _____

8. Die Monographie *kam* 1970 *heraus*. _____

9. Das Chinesische *ist* eine isolierende Sprache. _____

10. An diesem Beispiel wird die Funktion des Wortes *klar erklärt*.

_____

11. Bekannte phonetische Alphabete *sind* von Alexander M. Bell und

Ernst Brücke. _____

---

erscheinen / erörtern / durchführen / veranschaulichen / bestehen in / charakterisieren (kennzeichnen) / stammen / betrachten (als) / erforderlich / gehören zu / liegen

9.5.3 Einsetzübung: Welche Verben passen?

Aufgabe: Ergänzen Sie eine passende Verbform, evtl. auch eine Präposition.

---

1. Eine unserer Annahmen hat sich _____ /

   _____ , die anderen haben sich als falsch

   _____ / _____ .

2. Eine soziale Gruppe X hat die Eigenschaft Y; die Gruppe ist also durch

   Y _____ .

3. Annahmen, die einer Untersuchung _____ ,

   nennt man auch Basisannahmen.

4. Von unserer Untersuchung _____ / _____ /

   _____ wir bestimmte Fälle aus.

5. X und Y sind Ausdrücke mit gleicher Bedeutung. Das bedeutet:

   a) X _____ Y.

   b) Die Bedeutung von X _____ mit der von Y _____ .

   c) Die Bedeutungen von X und Y sind _____ ,

6. Bilder und Beispiele können einen Sachverhalt nicht belegen, nur

   _____ oder _____ .

7. Wenn einige Fachleute die Ergebnisse einer Studie ablehnen oder

   _____ , ist die Studie _____ .

8. X und Y lassen sich unter dem Begriff Z _____ /

   _____. Z ist also ein Oberbegriff, eine Kategorie. X

   und Y lassen sich als Z _____.

9. X hat _____ / _____ die Funktion Y. Die Funk-

   tion von X _____ also _____, Y zu sein.

10. Die Formen von X werden in Tabelle 1 _____ /

    _____ / _____.

11. Da X und Y dieselben Eigenschaften haben, _____ die

    Vermutung _____, dass sie aus derselben Quelle stammen.

12. F spricht sich für X aus. Anders gesagt: F _____ für X.

13. Aus X _____ / _____ die Einsicht Y.

14. Die Argumentation von F ist gut verständlich, man kann sie also gut

    _____.

---

*entsprechen / besitzen / erweisen / plädieren / herausstellen / zusammenfassen
/ nachvollziehen / charakterisieren / zugrunde liegen / nennen / ausschließen /
übereinstimmen / veranschaulichen / bewähren / bestreiten / ausnehmen / umstritten sein / erfassen / kategorisieren / erfüllen / bestehen in / aufführen /
auflisten / nahe liegen / sich ergeben / resultieren / bestätigen / ausgrenzen*

9.5.4 Einsetzübung: „Umfrage an einer Universität"

Aufgabe: Im Textbeispiel (Ergebnisse einer Umfrage an der Freiburger Universität) sind die Verben zu ergänzen. Unten finden Sie eine unsortierte Liste der im Original verwendeten Verben (fett gedruckt) und einige ähnliche Verben zur Vervollständigung des Textes.

„Die Wissenschaftler der Freiburger Universität

(1) _____ in ihrem Gebrauch des Englischen

offenbar an dem in ihrem Fach üblichen Standard. Eine Ausnahme

(2) _____ hier lediglich die Wirtschaftswissenschaftler ....

Englisch hat sich als Wissenschaftssprache allgemein ...

(3) _____. Die Fächer der Philosophischen Fakultäten

... sind noch überwiegend deutschsprachig, aber auch bei ihnen

(4) _____ eine deutliche Tendenz zum Englischen. Lediglich in

der Rechtswissenschaftlichen Fakultät (5) _____ Deutsch als

Wissenschaftssprache eindeutig (6) _____, was durchgehend mit dem

Gegenstand des Faches – dem nationalen Recht – (7) _____

wird. ... Eine Bestätigung der Vermutung, daß gerade jüngere Wissen-

schaftler diesen Druck zur englischen Wissenschaftssprache fühlen,

konnte nicht (8) _____ werden. ... Die Mehrheit der Befrag-

ten (9) _____ die in ihrem Fach üblichen Darstellungsweisen

für angemessen und meint, daß sich die Sachgebiete auch befriedigend

(10) _____ lassen.

(aus: Schiewe 1996, S. 284)

Verwendete und verwendbare Verben:

sich zeigen / bilden / dominieren / **halten** / **erbringen** / vorlegen /
vorherrschen / **machen** / **sich orientieren** / etablieren / **darstellen** /
durchsetzen / **begründen** / beschreiben

9.5.5 Einsetzübung (für Könner): „Orthographiereform"

Aufgabe: Erschließen Sie aus dem ersten Satz, welches Substantiv im zweiten Satz
ergänzt werden kann.

1. Solche Normen sind im Prinzip Verallgemeinerungen, die aus der

    sprachlich-kommunikativen Tätigkeit einer Gemeinschaft gewonnen

    werden und gleichzeitig dieser Tätigkeit wieder zugrunde liegen. Die

    _____ dieses Prozesses ist in der Orthographie in

    besonderer Weise ausgeprägt.

2. ... wobei eine Norm wie die Orthographie in besonderer Weise an

    eine Kodifikation [Festlegung] gebunden ist, während andere Normen

    weniger kodifikationsabhängig sind. Damit sind wir bei der spezifi-

    schen _____ der Normmerkmale in der Orhographie.

3. In einigen orthographischen Teilbereichen ergeben sich Schreibent-

    scheidungen erst aus dem Kontext. Das betrifft bestimmte

    _____ der Groß- und Kleinschreibung und der Interpunktion.

4. Durch die Verinnerlichung der Normen entsteht ein starkes Norm-

bewußtsein, das seinerseits wieder zur Stabilität der Orthographie

beiträgt. Die Bemühungen um Orthographiereformen haben dies als

einen wichtigen _____ ins Kalkül zu ziehen.

(mit leichten Änderungen aus: Nerius 1994)

9.5.6 Übung: AWS-Verben und Substantive in ihrem Umfeld

Aufgabe: In jedem Block werden mehrere Formulierungsmöglichkeiten vorge-
schlagen (z.T. aus studentischen Hausarbeiten entnommen); mindestens
eine davon ist richtig. Kreuzen Sie die richtige(n) an.

1. In der Publikation   o heißt es,   dass ...
                        o wurde es gesagt,
                        o sagte man,

2. Wissenschaftliche Texte können   o haben
                        Verständnisschwierigkeiten   o aufweisen
                                                     o verursachen

3. F o stellt fest,   dass T zutrifft
      o legt fest,
      o nimmt fest an,

4. Es stellt sich o fest,   dass ...
                   o heraus,
                   o dar,

5. Das Gerät wurde von F o erfunden
                          o entdeckt
                          o aufgedeckt

6. Ein Gesetz wird von F o erfunden
                          o entdeckt
                          o aufgestellt

7. Das Verdienst der Entdeckung von D o liegt bei F
                                       o gehört F
                                       o gebührt F

8. T handelt   o von dem   Problem X
             o über das
             o mit dem

9. F   o hat ausgeführt, dass ...
     o meint,
     o hat vorgeführt.

10. In den Experimenten wurde das Verfahren X   o angewendet
                                         o eingesetzt
                                         o umgesetzt

11. Das Verfahren wurde von Müller   o aufgestellt
                              o entwickelt
                              o ausgearbeitet

12. Eine Aufgabe wird o aufgestellt
                  o festgestellt
                  o gestellt

13. Man kann N und N als Einheit o ansehen
                           o anschauen
                           o verstehen

14. Ein Thema wird   o häufig untersucht
                o intensiv untersucht
                o vernachlässigt

15. Ein Thema ist   o häufig   untersucht
              o ausreichend
              o massenhaft

16. F   o behandelt   das Thema X
     o handelt   das Thema X ab
     o erörtert   das Thema X

17. Der Einfluss von D ist   o größer geworden
                      o zugenommen
                      o gestiegen

18. F   o legt   ein Beispiel vor
     o liegt   ein Beispiel vor
     o schreibt ein Beispiel auf

19. In der Literatur werden mehrere Beispiele   o genannt
                                         o angeführt
                                         o aufgezählt

20. Eine Regel wird auf einen Fall   o angewendet
                                       o aufgezogen
                                       o bezogen

21. N   o führt zu einer   Kontroverse
         o erweckt eine
         o beginnt eine

22. N und N sind eng miteinander   o verbunden
                                    o gebunden
                                    o verschränkt

23. N   o liefert ein gutes Beispiel für A
         o bietet
         o bringt

24. N kann als Beispiel   o dienen
                           o servieren
                           o herhalten

25. Ein Mensch   o besitzt   die Fähigkeit zu A
                  o beherrscht   die Fähigkeit zu D
                  o verfügt über die Fähigkeit zu D

26. Beim Vergleich von D und D   o zeigt sich   N als größer als N
                                  o ergibt sich   N als größer
                                  o resultiert   N als größer

27. o Von F wird deutlich gemacht,   dass ...
    o F macht deutlich,
    o Es wird von F deutlich gemacht,

28. F hat folgendes Beispiel   o vorgelegt
                                o vorgelegen
                                o dargelegt

29. Einem F wird ein Eindruck   o verboten
                                 o verwehrt
                                 o nicht vermittelt

30. N   o übt   einen Einfluss auf A aus
         o verübt   einen Einfluss auf A
         o nimmt   einen Einfluss auf A wahr

31. Es wurde   o erwiesen,   dass ...
                o bewiesen,
                o nachgewiesen,

32. Es hat sich   o herausgestellt,   dass ...
                   o bewiesen,
                   o ergeben,

33. die Schwierigkeiten   o vergrößern sich
                           o erhöhen sich
                           o vermehren sich

34. F hat ein neues Konzept o vorgelegt
                             o vorgestellt
                             o angepackt

35. F hat eine Tatsache   o außer acht gelassen
                           o vergessen
                           o rausgelassen

36. Das Ergebnis des Versuchs o lässt vermuten,   dass ...
                              o lässt darauf schließen,
                              o lässt erscheinen,

37. Ein Risiko ist nicht   o zu vermeiden
                            o abzuschalten
                            o zu umgehen

38. Die Darstellung lässt N als N o erscheinen
                                   o aussehen
                                   o auftreten

39. Man   o könnte   dagegen einwenden, dass ...
           o muss
           o darf

40. Die Erkenntnis von D wurde o verhindert
                                o verstellt
                                o blockiert

41. Das Phänomen X   o drückt sich in D aus
                      o kommt in D zum Vorschein
                      o tritt in D zutage

42. Bei einer Veränderung soll man auf A   o aufpassen
                                            o achten
                                            o beachten

43. Man muss   o darauf achten, dass ...
                o beachten,
                o achten,

44. Die Wirkung X o verlor sich
                   o ging verloren
                   o wurde verloren

45. Ein Begriff wird o herausgefunden
                      o erarbeitet
                      o formuliert

46. Der Zweck X wird durch A o hergestellt
                              o verwirklicht
                              o erreicht

47. Ein Widerspruch wurde o nicht erkannt
                           o übersehen
                           o übersprungen

48. Die Methode X o kommt zum Einsatz bei …
                   o erlebt ihren Einsatz bei …
                   o wird eingesetzt bei …

49. N o reicht bis zum   Jahr 1920 zurück
       o führt in das
       o geht in das

50. Dazu ist o zu bemerken
              o zu merken
              o anzumerken

51. F o hat   eine Spitzenstellung
       o bringt
       o leistet

52. Ein wichtiges Moment o geht verloren
                         o wird verloren
                         o geht ab

53. Man kann A nach mehreren Kriterien o gliedern
                                        o einteilen
                                        o unterteilen

54. Zwei Arten von D sind o zu unterscheiden
                           o abzutrennen
                           o zu trennen

55. F o belegt   seine Aussage mit folgendem Beispiel
       o verdeutlicht
       o zeigt

56. F   o unterläuft den   Irrtum, dass …
          o unterläuft der
          o unterliegt dem

57. Hinzu   o rechnet sich   die Tatsache X
            o kommt
            o addiert sich

58. Die Zahlen variieren   o zwischen den Polen   der Skala
                           o innerhalb der Pole
                           o in den Polen

59. N ist aus D   o hervorgegangen
                  o entsprungen
                  o resultiert

60. Die Idee zu T   o entstand   aus D
                    o ging hervor
                    o wurde geboren

61. Die Daten werden in einer Tabelle   o aufgelistet
                                        o aneinandergereiht
                                        o verkettet

62. N   o fällt aus der Reihe
        o ist ungewöhnlich
        o verhält sich unerwartet

63. N   o zeichnet sich durch folgende Merkmale aus: …
        o wird durch folgende Merkmale bezeichnet: …
        o beinhaltet folgende Merkmale: …

9.5.7 Übung: AWS-Substantive in ihrem Umfeld (Fügungen)

Aufgabe: In jedem Block werden mehrere Formulierungsmöglichkeiten vorge-
schlagen (z.T. aus studentischen Hausarbeiten entnommen); mindestens
eine davon ist richtig. Kreuzen Sie die richtige(n) an.

1. F   o geht auf die Frage ein, ob …
        o beantwortet die Frage, ob …
        o erörtert die Frage, ob …

2. Wir haben ein Problem   o über A
                           o durch A
                           o mit D

3. die o wachsende
        o steigende Problematik
        o größere

4. Man kann die Problematik o sehen
                             o feststellen
                             o spüren

5. ein o sehbarer   Unterschied
        o sichtbarer
        o ansichtiger

6. N ist ein o großer Beweis für A
              o starker
              o klarer

7. Die drei Faktoren o hängen sich eng zusammen
                      o hängen eng zusammen
                      o hängen sich eng miteinander

8. Man kann Einsicht in A o gewinnen
                           o erwerben
                           o erfahren

9. N o bringt   eine Erklärung für A
      o gibt   eine Erklärung für A
      o stellt   eine Erklärung für A bereit

10. N ist o sehr   bekannt
           o ziemlich
           o viel

11. eine Einteilung o macht sich   notwendig
                     o erweist sich als
                     o zeigt sich

12. Man muss eine Abgrenzung o machen
                             o definieren
                             o vornehmen

13. Ein Vergleich von D und D wurde o aufgestellt
                                     o angefertigt
                                     o angestellt

14. Die Grenze zwischen D und D ist o festzulegen
                                     o zu definieren
                                     o vorzunehmen

15. N und N unterscheiden sich   o massiv
                                  o weit
                                  o stark

16. N und N werden   o angesichts   G verglichen
                      o hinsichtlich
                      o wegen

17. zwei Gesichtspunkte sind   o miteinander zu beziehen
                                o in Beziehung zu setzen
                                o in Verbindung zu setzen

18. eine   o einfache   Erklärung
            o simple
            o triviale

19. N   o spielt eine wichtige Rolle
         o vertritt eine niedrige Stellung
         o hat eine große Rolle

20. N   o steht im Mittelpunkt   von D
         o steht im Schwerpunkt
         o bildet den Schwerpunkt

21. N   o nimmt großen Platz ein bei D
         o hat großen Stellenwert für A
         o ist bedeutsam für A

22. N steht   o eng   in Zusammenhang mit D
               o voll
               o deutlich

23. N ist in diesem Zusammenhang o nennenswert
                                  o zu nennen
                                  o beachtenswert

24. Der Grund für A o liegt in D
                     o liegt an D
                     o beruht auf D

25. Ein weiterer Grund   o ist die Tatsache X
                          o bezieht sich auf die Tatsache X
                          o besteht in der Tatsache X

26. Es gibt viele N. Einige   o davon sind interessant
                               o von denen sind interessant
                               o darunter sind interessant

27. o Außerdem   ist N der Fall
    o Übrigens
    o Obendrein

28. F_1 und F_2 o stimmen darin überein,   dass …
                      o stimmen miteinander überein,
                      o stimmen zusammen,

29. F_1 und F_2 berichten   o übereinstimmend, dass …
                                o gemeinsam
                                o zu zweit

30. Bei einer Tagung   o im Jahre 1999
                       o im letzten Oktober
                       o vor kurzem

31. Es handelt sich um einen   o zu engen   Begriff
                               o verkürzten
                               o verkleinerten

32. F_1 und F_2 haben einen   o unterschiedlichen   Begriff von D
                                  o andersartigen
                                  o verschiedenen

33. N wird   o in Hinsicht   auf A behandelt
             o mit Blick
             o unter Hinblick

34. Das Ergebnis o ist, dass …
                  o liegt darin, dass …
                  o zeigt sich so, dass …

35. Bei diesem Ergebnis ist besonders   o zu beachten, dass …
                                        o bemerkenswert, dass …
                                        o zu merken, dass …

36. N o lässt   eine Entwicklung erkennen
       o macht eine Entwicklung sichtbar
       o zeigt   eine Entwicklung

37. Müllers o Forschungen   zum Thema X
             o Erforschungen
             o Studien

38. F o befasst sich mit D
       o widmet sich D
       o konzentriert sich auf A

39. Seine Aufmerksamkeit   o   gilt D
                           o   widmet sich D
                           o   konzentriert sich auf A

40. F hat die Hypothese   o   formuliert
                          o   geschrieben
                          o   aufgestellt

41. Der Anteil von D nahm   o   kräftig zu
                            o   anständig zu
                            o   stark zu

42. Die Datenlage   o   bezweifelt,   ob N der Fall ist.
                    o   lässt Zweifel aufkommen,
                    o   macht es zweifelhaft,

43. Die Forschung zum Thema X   o   hat das Risiko,   dass …
                                o   läuft Gefahr,
                                o   riskiert,

44. N   o   ist ein Argument   gegen A
        o   argumentiert
        o   spricht

45. N ist für die Studie   o   von großem Interesse
                           o   hochinteressant
                           o   spannend

46. Dieser Misserfolg   o   hat   den Anschein, dass …
                        o   erweckt
                        o   eröffnet

47. Das Verfahren hat   o   anscheinend   Erfolg gehabt
                        o   scheinbar
                        o   allem Anschein nach

48. N   o   trägt viel   zum Verständnis von D bei
        o   ist ein Schlüssel   zum Verständnis von D
        o   gibt   das Verständnis von D

49. N ist ein   o   naheliegendes   Beispiel
                o   überzeugendes
                o   plausibles

50. Die Strategien sollen   o   näher   analysiert werden
                            o   genauer
                            o   enger

51. Mehrere Fälle werden o als Beispiele   vorgestellt
                      o beispielhaft
                      o beispielsweise

52. F zeigt A   o in   einem Beispiel
           o bei   einem Beispiel
           o anhand eines Beispiels

53. F   o führt eine Untersuchung durch
      o erstellt eine Untersuchung
      o stellt eine Untersuchung auf

54. F hat eine Analyse   o des Problems X   durchgeführt
                    o über das Problem X
                    o zu dem Problem X

55. Eine Frage   o taucht wieder auf
           o kommt zurück
           o wird wieder aufgegriffen

56. N ist   o komplexer als N
        o komplizierter als N
        o schwerer als N

57. N   o erbringt Nachteile
      o ist von Nachteil
      o bringt Nachteile mit sich

58. o Unbeachtet dieses Ergebnisses   fuhr man fort, ...
    o Ungeachtet dieses Ergebnisses
    o Achtlos gegen dieses Ergebnis

59. F ist   o der Gründer   einer Schule (eines Ansatzes)
       o der Anfänger
       o der Urheber

60. Bei einer Vorlesung wird ein   o bestimmtes   Thema behandelt
                           o gewisses
                           o jeweiliges

61. Die Schlussfolgerung   o liegt nahe,   dass ...
                    o kommt auf,
                    o steht bereit,

62. F   o leistet   einen Beitrag zu D
      o macht
      o liefert

63. Mit dieser Auffassung   o liegt F falsch
                             o hat sich F vertan
                             o hat F unrecht

64. N ist   o intensiv   mit D verbunden
             o tief
             o eng

65. N und N   o haben einen wichtigen Unterschied
               o weisen einen wichtigen Unterschied auf
               o zeigen einen wichtigen Unterschied vor

66. N hat einen   o sichtbaren   Einfluss auf A
                   o spürbaren
                   o erkennbaren

67. Für A ist N   o bezeichnend
                   o ausgezeichnet
                   o charakteristisch

68. Die Analyse   o gründet sich auf A
                   o ergründet sich aus D
                   o begründet sich aus D

69. Diese Aussage wird   o damit begründet,   dass ...
                          o dadurch begründet,
                          o davon begründet,

70. Die Präposition   o ist   auf eine Funktion festgelegt
                       o hat sich   auf eine Funktion festgelegt
                       o liegt   auf einer Funktion fest

71. Eine Ausnahme   o bilden   hier nur die N
                     o machen   hier nur die N
                     o stellen   hier nur die N dar

72. Nicht alle   o können   die Fähigkeiten des Lesens und Schreibens.
                  o verfügen über
                  o beherrschen

9.5.8 Übung: Studentische Produktionen beurteilen / verbessern
Substantive der AWS

Aufgabe: Verbessern Sie die missglückten Verwendungen von *Begriff*, *Aspekt*, *Erkenntnis* etc.

1. Psychologen wie ... vertreten ein stark eingegrenztes Begriffsverständnis,

2. Einige Wissenschaftler „betrachten den Begriff Valenz als Eigenschaft, die vor allem das Verb betrifft, während Engel, darauf teilweise aufbauend, den Begriff weiter und anders definiert."

3. „Einen wichtigen Aspekt spielt dabei die phonologische Bewusstheit."

4. Was den zeitlichen Parameter betrifft, mit dem ich die Begriffe „früher" und „heute" eingrenze, ist dazu zu sagen, dass es sich bei ersterem um den groben Zeitraum zwischen 1945 und 1970 sowie bei letzterem um den zeitlichen Raum gegen Ende der 70er Jahre bis heute handelt.

5. „Auch wenn man sehr konzentriert versucht, den Ausländer zu verstehen, treten bestimmte Aspekte in den Vordergrund und andere rücken in den Hintergrund. Dann wird die Kommunikation viel schwerer."

6. „Bilder sind ein wichtiger Aspekt der Kommunikationsherstellung."

7. Böhmer führt hier den häufig verwendeten Begriff vom Prinzip von Fordern und Fördern auf.

8. Er ist der Auffassung, „dass die Sprachwissenschaft wie jede andere Wissenschaft ihre Begriffe aufstellen muss".

9. „Einen wichtigen Aspekt spielt dabei die phonologische Bewusstheit."

10. „Gegen Ende der 90er Jahre machte sich die Erkenntnis breit, dass ..."

11. „Die folgende Darstellung der Erscheinungsbilder lese- und rechtschreibschwacher Kinder ..."

12. Die Ursache dieser Schwergewichtsetzung ist ...

13. F legt einen großen Schwerpunkt auf X.

14. In seinem Studium über „Das Modalsystem im heutigen Deutsch" entwickelt F ein pragmatisches Modell.

15. Im Bereich der Technik sind viele Untersuchungen unternommen worden, Fachsprachen zu untersuchen.

16. Die Disziplin Kontrastive Linguistik trägt die Charaktermerkmale der Synchronie, Kontrastivität und Anwendungsbezogenheit.

9.5.9   Übung: Studentische Produktionen beurteilen / verbessern
Verben und Adjektive der AWS

Aufgabe: Achten Sie auf die missglückten Verwendungen von Verben oder Adjektiven und formulieren Sie Verbesserungen.

1. Von den über 200 Präpositionen „unterliegen nur 20 einem sehr häufigen Gebrauch."

2. „das zweite große Mittel zur Herstellung von Kohäsion"

3. „Als bewährt hat sich der kommunikativ-pragmatische Ansatz herausgestellt."

4. „Diese ... Unterschiede der beiden Schriftsysteme zeigen die häufig sich wiederholenden Fehler türkischsprachiger Schüler auf."

5. „Dazu ist notwendig, den exakten Verstehensprozess zu kennen, um dann ..."

6. X „bedarf einer weiteren Berücksichtigung, nämlich der Unterscheidung von ..."

7. „Das deutsche Schriftsystem findet seinen Ursprung im Lateinischen."

8. „Legastheniker verfügen ... auch über Probleme beim Lesen und Schreiben."

9. „Die Anfänge des Schreibens nahmen um ca. 3300 v. Chr. bei den Sumerern ihren Lauf."

10. Es wurde unstrittig festgestellt, dass ...

11. Martin Luther hat einen hohen Beitrag (zur Sprachentwicklung) getragen.

12. „Nun sollte auch verständlich sein, weshalb harte und weiche Zeichen in der russischen Sprache eine derart große Bedeutung innehaben."

11. Die Inferenzhypothese wird auf dieser Tatsache basiert.

12. Die Vorteile des Computers liegen auch in medienspezifischer Hinsicht.

13. Der Wissenschaftler deutet darauf hin, dass ...

14. Um diese Argumente zu klären, wendet man sich an den Aufsatz von (1977).

15. Die Tatsache ist bezweifellos, dass diese Wortklasse sehr heterogen ist.

16. Die Basis dafür wird aus Ammon (1991 und 1998) herausgenommen.

Anhang

Ausgewählte Abkürzungen (in alphabetischer Folge)

In dieser Liste finden Sie die gängigsten Abkürzungen. Darüber hinaus hat jede Disziplin ihre spezifischen Abkürzungen. Bei mehrteiligen Abkürzungen wie „a.a.O." setzt es sich mehr und mehr durch, sie ohne Leerzeichen zu schreiben, auch wenn Rechtschreibwörterbücher und -programme dies monieren.

a.a.O.	am angegebenen Ort
Abb.	Abbildung
allg.	allgemein
Anm.	Anmerkung
Anm. d. Herausg.	Anmerkung des Herausgebers
Anm. d. Übers.	Anmerkung des Übersetzers
Anm. d. Verfassers	Anmerkung des Verfassers
anon. / Anon.	anonym / Anonymus
Aufl.	Auflage
Ausg.	Ausgabe
bearb. von / Bearb.	bearbeitet von / Bearbeiter
Bd.	Band
bzw.	beziehungsweise (und/oder)
cf.	(engl.: confer to) vergleiche
ebd.	ebenda, auf derselben Seite
ed.	(engl.: editor) der / ein Herausgeber
eds.	(engl.: editors) die (mehrere) Herausgeber
ed. (by)	(engl.: edited) herausgegeben von
et al.	(lat.: et alii) und andere (u.a.)
etc.	(lat.: et cetera) und so weiter
f.; ff.	folgende (Seite); folgende (Seiten)
Fig.	Figur
Fn.	Fußnote
ggf.	gegebenenfalls
Hrsg. / Hg.; Hgg.	der / ein Herausgeber die (mehrere) Herausgeber
hg. (von)	herausgegeben von

ibid., ib.	(lat.: ibidem) am angegebenen Ort
i.e.	(lat.: id est) das ist
incl.	inclusive, eingeschlossen
J.	Jahr
Jb.	Jahrbuch
Jg.	Jahrgang
Kap.	Kapitel
korr.	korrigiert
loc.cit.	(lat.: loco citato) am angegebenen Ort
Mitarb.	Mitarbeiter(innen)
MS, Ms. (Plural: Mss.)	Manuskript
NF	Neue Folge (bei Zeitschriften)
o.g.	oben genannt, oben genannte(r)
o.J.	ohne Jahresangabe
o.O.	ohne Ortsangabe
op.cit.	(lat.: opere citato) im zitierten (angeführten) Werk
passim	(lat.) an verschiedenen Stellen (einer zitierten Arbeit)
P.S. / p.s.	(lat.: post scriptum) Nachschrift, Nachbemerkung
Repr.	Reprint, Nachdruck
rev.	revidiert, geprüft
Rez.	Rezension, Rezensent
s.	siehe
sic	(lat. für: so, auf diese Weise) Hinweis, dass in einem zitierten Text etwas wirklich so steht, wie es wiedergegeben ist
s.o.	siehe oben
Sp.	Spalte
s.u.	siehe unten
Tab.	Tabelle
u.a. / u.a.m.	unter anderem / und andere mehr
Übers. / übers.	Übersetzer, Übersetzung / übersetzt

usw.	und so weiter
Verf., Vf.	Verfasser
Verz.	Verzeichnis
vgl.	vergleiche
Wb.	Wörterbuch
Z.	Zeile

Einige Abkürzungen können nur im Satzinneren gebraucht werden, am Satzanfang werden sie ausgeschrieben. Dazu gehören *z.B.*, *z.T.* und *d.h.*:

- Die Tür ist geschlossen. Das heißt, wir haben keine Möglichkeit, hineinzukommen.
- Zum Beispiel hat Müller 1997 darauf hingewiesen, ...
- Zum Teil wurden die Daten weiterverwendet.

Allgemeine Regel:
Individuelle (textbezogene) Abkürzungen in wissenschaftlichen Arbeiten sollen nur dann verwendet werden, wenn diese Abkürzung beim ersten Auftreten vom Autor explizit eingeführt wird.

Literaturhinweise

1 Wissenschaftliche Basis und wissenschaftliche Hilfsmittel

Aplevitch, Noelle (2008) Ausländische StudentInnen in universitären Kommunikationssituationen: Probleme und Bewältigungsstrategien. In: Knapp, Annelie / Schumann, Adelheid (Hg.) Mehrsprachigkeit und Multikulturalität im Studium. Frankfurt: Lang, 51-84

DIN 1502: Zeitschriftenkurztitel: Internationale Regeln für die Kürzung der Zeitschriftentitel.

Duden (2000) Das große Fremdwörterbuch. Mannheim: Dudenverlag

DWDS: Das Digitale Wörterbuch der deutschen Sprache. Siehe: www.dwds.de

Ehlich, Konrad (1993) Deutsch als fremde Wissenschaftssprache. In: Jahrbuch Deutsch als Fremdsprache Bd. 19. München: Iudicium, 13-42

Ehlich, Konrad / Graefen, Gabriele (2002) Sprachliches Handeln als Medium des diskursiven Denkens. In: Jahrbuch Deutsch als Fremdsprache Bd. 27. München: Iudicium, 351-378

Ehlich, Konrad / Steets, Angelika (2003) Wissenschaftlich schreiben - lehren und lernen. Berlin: de Gruyter

Erk, Heinrich (1975-82) Zur Lexik wissenschaftlicher Fachtexte. 3 Bände. München: Hueber

Fandrych, Christian / Graefen, Gabriele (2000) Text commenting devices in German and English academic articles. In: Multilingua 21, 17-43

Fandrych, Christian / Graefen, Gabriele (2010) Wissenschafts- und Studiensprache Deutsch. In: Krumm, Hans-Jürgen / Fandrych, Christian et al. (Hg.) Handbuch Deutsch als Fremdsprache- und Zweitsprache. Berlin: de Gruyter, 509-517

Feilke, Helmut / Steinhoff, Torsten (2003) Zur Modellierung der Entwicklung wissenschaftlicher Schreibfähigkeiten. In: Ehlich, Konrad / Steets, Angelika (Hg.) Wissenschaftlich schreiben – lehren und lernen. Berlin: de Gruyter, 112-128

Graefen, Gabriele (1997) Der Wissenschaftliche Artikel: Textart und Textorganisation. Frankfurt a.M.: Lang

Graefen, Gabriele (1999) Wie formuliert man wissenschaftlich? In: Barkowski, Hans / Wolff, Armin (Hg.) Alternative Vermittlungsmethoden und Lernformen auf dem Prüfstand (etc.) (Materialien Deutsch als Fremdsprache, Band 52). Regensburg: FaDaF, 222-239

Graefen, Gabriele (2001) Überlegungen zu einer Einführung in die Wissenschaftssprache. In: Wolff, Armin / Winters-Ohle, Elmar (Hg.) Wie schwer ist die deutsche Sprache wirklich? (Materialien Deutsch als Fremdsprache, Band 58). Regensburg: FaDaF, 191-210

Graefen, Gabriele (2002) Schreiben und Argumentieren: Konnektoren als Spuren des Denkens. In: Kruse, Otto / Perrin, Daniel / Wrobel, Arne (Hg.) Schreiben. Von intuitiven zu professionellen Schreibstrategien. Wiesbaden: Westdeutscher Verlag, 53-67

Graefen, Gabriele (2004) Aufbau idiomatischer Kenntnisse in der Wissenschaftssprache. In: Wolff, Armin et al. (Hg.) Integration durch Sprache. (Materialien Deutsch als Fremdsprache, Band 73). Regensburg. FaDaF, 293 309

Graefen, Gabriele (2008) Versteckte Metaphorik – ein Problem im Umgang mit der fremden deutschen Wissenschaftssprache. In: Dalmas, Martine / Foschi-Albert, Marina / Neuland, Eva (Hg.) Wissenschaftliche Textsorten im Germanistikstudium deutsch-italienisch-französisch kontrastiv. Trilaterales Forschungsprojekt in der Villa Vigoni (2007-2008). Teil 2, 150 ff. Siehe: www.villavigoni.it

Graefen, Gabriele (2009) Die Didaktik des wissenschaftlichen Schreibens: Möglichkeiten der Umsetzung. In: German Foreign Language, gfl-journal, Dossier: Writing as a Cognitive Tool: Research across Disciplines. ed. Jens Löscher. Siehe: www.gfl-journal.de

Graefen, Gabriele (2009) Muttersprachler auf fremdem Terrain? Absehbare Probleme mit der Sprache der Wissenschaft. In: Meer, Dorothee / Lévy-Tödter, Magdalène (Hg.) Hochschulkommunikation in der Diskussion. Frankfurt a.M.: Lang, 263-279

Graefen, Gabriele / Moll, Melanie (2007) Das Handlungsmuster Begründen: Wege zum Unterricht „Deutsch als fremde Wissenschaftssprache". In: Redder, Angelika (Hg.) Diskurse und Texte. (Konrad Ehlich zum 60. Geburtstag). Tübingen: Stauffenburg, 491-502

Heller, Dorothee (2008) Kommentieren und Orientieren. Anadeixis und Katadeixis in soziologischen Fachaufsätzen. In: Dies. (Hg.) Formulierungsmuster in deutscher und italienischer Fachkommunikation. Frankfurt a.M.: Lang

Kalverkämper, Hartwig / Weinrich, Harald (Hg.) (1985) Deutsch als Wissenschaftssprache. 25. Konstanzer Literaturgespräch. Tübingen: Narr

Knapp, Annelie / Schumann, Adelheid (Hg.) (2008) Mehrsprachigkeit und Multikulturalität im Studium. Frankfurt a.M.: Lang

Mair, Christian (2005) Kult des Informellen – auch in der Wissenschaftssprache? Zu neueren Entwicklungen des englischen Wissenschaftsstils. In: Auer, Peter / Baßler, Harald (Hg.) Reden und Schreiben in der Wissenschaft. Frankfurt: Campus, 157-184

Moll, Melanie (2001) Das wissenschaftliche Protokoll. Vom Seminardiskurs zur Textart: empirische Rekonstruktionen und Erfordernisse für die Praxis. München: Iudicium

Moll, Melanie (2003) Komplexe Schreibsituationen an der Hochschule. In: Hoppe, Almut / Ehlich, Konrad (Hg.) Mitteilungen des Deutschen Germanistenverbandes: Propädeutik des Wissenschaftlichen Schreibens / Bologna-Folgen, Heft 2-3/2003, 232-249

Moll, Melanie (2004) Deutsch als fremde Wissenschaftssprache „für Fortgeschrittene" – am Beispiel des Linguistischen Internationalen Promotionsprogramms LIPP. In: Wolff, Armin / Ostermann, Torsten / Chlosta, Christoph (Hg.) Integration durch Sprache. (Materialien Deutsch als Fremdsprache Band 73). Regensburg. FaDaF, 349-470

Oksaar, Els (1985) Gutes Wissenschaftsdeutsch – Perspektiven der Bewertung und der Problemlösungen. In: Kalverkämper, Hartwig / Weinrich, Harald (Hg.) Deutsch als Wissenschaftssprache. Tübingen: Narr, 100-123

Paek, Solja (1993) Die sprachliche Form des hypothetischen Denken in der Wissenschaftssprache. München: Iudicium

Paul, Hermann (1992) Deutsches Wörterbuch, bearb. von Helmut Henne u.a. Tübingen: Niemeyer (9. Aufl.)

Pöckl, Wolfgang (1995) Nationalstile in Fachtexten? Vom Tabu- zum Modethema. In: Fachsprache 17/3-4, 98-107

Radbruch, Knut (1989) Mathematik in den Geisteswissenschaften. Göttingen: Vandenhoeck & Ruprecht. Konkreter Hinweis: Kap. 5, „Die philosophische Karriere eines mathematischen Begriffs: Axiom"

Redder, Angelika (1990) Grammatiktheorie und sprachliches Handeln: denn und da. Tübingen: Narr

Reder, Anna (2006) Kollokationen in der Wortschatzarbeit. Wien: Praesens

Schiewe, Jürgen (2007) Zum Wandel des Wissenschaftsdiskurses in Deutschland. In: Auer, Peter / Bassler, Harald (Hg.) Reden und Schreiben in der Wissenschaft. Frankfurt: Campus, 31-49

Steinhoff, Torsten (2007) Wissenschaftliche Textkompetenz. Sprachgebrauch und Schreibentwicklung in wissenschaftlichen Texten von Studenten und Experten. Tübingen: Niemeyer

Steinhoff, Torsten (2008) Kontroversen erkennen, darstellen, kommentieren. In: Festschrift Gerd Fritz. Siehe: www.festschrift-gerd-fritz.de

Thielmann, Winfried (2009) Deutsche und englische Wissenschaftssprache im Vergleich. Hinführen – Verknüpfen – Benennen. Heidelberg: Synchron

Weinrich, Harald (1989) Formen der Wissenschaftssprache. In: Akademie der Wissenschaften zu. Berlin. Jahrbuch 1988. Berlin: de Gruyter, 119-158

Weinrich, Harald (1995) Sprache und Wissenschaft. In: Kretzenbacher, Leo / Weinrich, H. (Hg.) Linguistik der Wissenschaftssprache. Berlin: de Gruyter, 3-14

Werlin, Josef (1987[3]) Wörterbuch der Abkürzungen. (Duden-Taschenbuch 11)

Wolff, Friedrich / Wittstock, Otto (1990) Latein und Griechisch im deutschen Wortschatz. Berlin: Volk und Wissen

2 Quellen für verwendete Texte oder Beispiele

Adorno, Theodor W. (1966/1972) Erziehung nach Auschwitz. In: Ders.: Erziehung zur Mündigkeit. Vorträge und Gespräche mit H. Becker 1959-69, Frankfurt a.m.: Suhrkamp

Althaus, Hans P. / Henne, Helmut / Wiegand, Herbert (Hg.) (1980) Lexikon der Germanistischen Linguistik. Tübingen: Niemeyer

Aplevitch, Noelle (2008) Ausländische StudentInnen in universitären Kommunikationssituationen: Probleme und Bewältigungsstrategien. In: Knapp, Annelie; Schumann, Adelheid (Hg.) Mehrsprachigkeit und Multikulturalität im Studium. Frankfurt: Lang, 51-84

Beck, Ulrich (1997) Was ist Globalisierung? Frankfurt: Suhrkamp

Beste, Gisela (2003) Schreibaufgaben im Deutschunterricht der Oberstufe. Vorbereitung auf die Hochschule? In: Ehlich, Konrad / Steets, Angelika (2003) Wissenschaftlich schreiben - lehren und lernen. Berlin: de Gruyter, 273-288

Bruch, Rüdiger von (1999) Staatswissenschaften im Kulturdiskurs. In: König, Christoph / Lämmert, Eberhard (Hg.) Konkurrenten in der Fakultät. Kultur, Wissen und Universität um 100. Frankfurt a.M.: Fischer, 94-104

Dürr, Tobias (1999) Leises Unbehagen. In: „DIE ZEIT", 20.05.1999, 59

Eco, Umberto (2000) Wie man eine wissenschaftliche Abschlußarbeit schreibt. München: Fink Verlag (Ital. Erstausgabe: 1977)

Ehlich, Konrad (1993) Deutsch als fremde Wissenschaftssprache. In: Jahrbuch Deutsch als Fremdsprache Bd. 19. München: Iudicium, 13-42

Ehlich, Konrad (1996) Interkulturelle Kommunikation. In: Nelde, Peter / Goebl, Hans u.a. (Hg.) Kontaktlinguistik. Berlin: de Gruyter, 920-931

Ehlich, Konrad (2004) Zum pragmatischen Ort von Exklamationen. In: Maxi Krause, Nikolaus Ruge (Hg.) Das war echt spitze! Zur Exklamation im heutigen Deutsch. Eurogermanistik. Tübingen: Stauffenburg, 77-94

Ehlich, Konrad / Steets, Angelika (2003) Wissenschaftlich schreiben – lehren und lernen. Berlin: de Gruyter

Ervin, Susan M. (1972) Nachahmung und Strukturveränderung in der Kindersprache. In: Eric H. Lenneberg (Hg.) Neue Perspektiven in der Erforschung der Sprache. Frankfurt a.M.: Suhrkamp, 172-199

Fischer, Ernst Peter (2000) Aristoteles, Einstein und Co. Eine kleine Geschichte der Wissenschaft in Porträts. München / Zürich: Piper

Foljanty-Jost, Gesine (1991) Korporatismus, Pluralismus und die Herrschaft der Bürokratie. Zum politikwissenschaftlichen Forschungsstand der achtziger Jahre in Japan. In: Nachrichten der Gesellschaft für Natur- und Völkerkunde Ostasiens (Hamburg). Heft 149-150, 165-186

Freud, Sigmund (1940/2009) Der Witz und seine Beziehung zum Unbewußten. Frankfurt a.M.: Fischer

Geisler, Anika (1999) Lodern im Schlund. In: „DIE ZEIT", 11.02.1999, 32

Greiner, Ulrich (2010) Ist Deutsch noch zu retten? In: „DIE ZEIT", Feuilleton, 01.07.2010

Groeben, Norbert (1982) Leserpsychologie: Textverständnis – Textverständlichkeit. Münster: Aschendorff

Grzesik, Jürgen (1990) Textverstehen lernen und lehren. Geistige Operationen im Prozeß des Textverstehens und typische Methoden für die Schulung zum kompetenten Leser. Stuttgart: Klett

Habermas, Jürgen (1985) Zur Logik der Sozialwissenschaften. Frankfurt a.M.: Suhrkamp

Handbuch für den wissenschaftlichen Nachwuchs (2009) Bonn: Deutscher Hochschulverband, 9. Aufl.

Hauch-Fleck, Marie-Luise / Hoffmann, Wolfgang (1996) Der Wust von Bürokratie muß verschwinden, in: „DIE ZEIT" 26.07.1996, 19

Historisches Wörterbuch der Philosophie (1971) Herausgegeben von Joachim Ritter und Karlfried Gründer. Basel, Stuttgart

Jakobs, Eva-Maria (1997) Plagiate im Kontext elektronischer Medien. In: Antos, Gerd / Tietz, Heike (Hg.) Die Zukunft der Textlinguistik. Tübingen: Niemeyer, 157-17

Kaiser, Dorothee (2002) Wege zum wissenschaftlichen Schreiben. Eine kontrastive Untersuchung zu studentischen Texten aus Venezuela und Deutschland. Tübingen: Stauffenburg

Klix, Friedhart (1971) Information und Verhalten. Bern: Huber

Korpus Graefen (1996) 20 Wissenschaftliche Artikel aus verschiedenen Fächern, Detaillierte Beschreibung in: Graefen (1997)

Korpus Thielmann (o.J.) 22 Wissenschaftliche Artikel in deutscher und englischer Sprache aus verschiedenen Fächern, Beschreibung und Analyse des Korpus in: Thielmann, Winfried (2009) Deutsche und englische Wissenschaftssprache im Vergleich: Hinführen – Verknüpfen – Benennen. Heidelberg: Synchron-Verlag

Kruhl, Jörn H. (2002) Erfahrungen mit der deutschen und englischen Wissenschaftssprache in der deutschen Geologie. In: Ehlich, Konrad (Hg.) Europäische Wissenschaft – europäische Perspektiven. (17 Seiten) Abrufbar unter: www.euro-sprachenjahr.de

Lüders, Michael (1998) Ich bin doch kein Alien. In: „DIE ZEIT", 23.07.1998, 7

Lührs, Rolf / Albrecht, Steffen / Hohberg, Birgit / Lübcke, Maren (2004) Online Diskurse als Instrument politischer Partizipation – Evaluation der Hamburger Internetdiskussion zum Leitbild „Wachsende Stadt". In: kommunikation @gesellschaft, Jg. 5, 2004, Beitrag 1, Siehe: www.soz.uni-frankfurt.de /K.G/B1_2004_L%FChrs_Albrecht_Hohberg_L%FCbcke.pdf

Nerius, Dieter (1994) Orthographieentwicklung und Orthographiereform. In: Günther, Hartmut / Ludwig, Otto (Hg.) Schrift und Schriftlichkeit. Writing and its Use. Berlin: de Gruyter (HSK 10.1, 721-739

Paek, Solja (1993) Die sprachliche Form des hypothetischen Denken in der Wissenschaftssprache. München: Iudicium

Paul, Hermann (1992) Deutsches Wörterbuch, bearb. von Helmut Henne u.a. Tübingen: Niemeyer, 9. Aufl.

Rechenberg, Peter (1991) Was ist Informatik? München: Hanser

Ruhmann, Gabriela (2003) Präzise denken, sprechen, schreiben – Bausteine einer prozessorientierten Propädeutik. In: Ehlich, Konrad / Steets, Angelika (Hg.) Wissenschaftlich schreiben – lehren und lernen. Berlin: de Gruyter, 112-128

Schiewe, Jürgen (1996) Sprachenwechsel, Funktionswandel, Austausch der Denkstile. Die Universität Freiburg zwischen Latein und Deutsch. Tübingen: Niemeyer

Schiewe, Jürgen (2007) Zum Wandel des Wissenschaftsdiskurses in Deutschland. In: Auer, Peter / Bassler, Harald (Hg.) Reden und Schreiben in der Wissenschaft. Frankfurt: Campus, 31-49

„Schlaf" / „Frauen sind anders – auch bei Schlafstörungen" (2010) Zwei Artikel in: www.medizinfo.de, Rubrik: Kopf und Seele
www.medizinfo.de/kopfundseele/schlafen/frauen.htm

Serres, Michel / Farouka, Nayla (2001) Thesaurus der exakten Wissenschaften. Frankfurt a.M: Verlag zweitausendeins

Solche Klischees schmerzen. (Ohne Autor) In: „DIE ZEIT" 01.10.1998, 80

Thielmann, Winfried (2009) Deutsche und englische Wissenschaftssprache im Vergleich. Hinführen – Verknüpfen – Benennen. Heidelberg: Synchron

Vygotskij, Lev S. (1934/2002) Denken und Sprechen. Weinheim: Beltz

„Wenn der Schlaf nicht kommen will." Globus-Grafik Stand 2005, Quelle: Allensbach, siehe: www.picture-alliance.com/globus.html

Wodak, Ruth / Feistritzer, Gert et al. (1987) Sprachliche Gleichbehandlung von Frau und Mann. Wien: Bundesministerium für Arbeit und Soziales

Wolff, Dieter (1992) Zur Förderung der zweitsprachlichen Schreibfähigkeit. In: Börner, Wolfgang / Vogel, Klaus (Hg.) Schreiben in der Fremdsprache. Prozess und Text, Lehren und Lernen. Bochum: AKS

Woll, Artur (1990) Wirtschaftslexikon. München u.a.: Oldenburg

Wunderlich, Otto (Hg.) (1993) Entfesselte Wissenschaft. Frankfurt a.M.: Westdeutscher Verlag

Zeitreise ins Eis (2003) Beitrag aus dem Alfred-Wegener-Institut für Polar- und Meeresforschung in Bremerhaven. In: Komplexe Systeme verstehen. Jahresheft der Helmholtz-Gesellschaft 2003.